2021 年度
中国对外直接投资统计公报

2021 Statistical Bulletin of
China's Outward Foreign Direct Investment

中华人民共和国商务部

Ministry of Commerce of the People's Republic of China

国家统计局

National Bureau of Statistics

国家外汇管理局

State Administration of Foreign Exchange

中国商务出版社
CHINA COMMERCE AND TRADE PRESS

图书在版编目（CIP）数据

2021年度中国对外直接投资统计公报：汉英对照／
中华人民共和国商务部，国家统计局，国家外汇管理局编
．—北京：中国商务出版社，2022.9
ISBN 978-7-5103-4415-2

Ⅰ．①2…　Ⅱ．①中…②国…③国…　Ⅲ．①对外投
资—直接投资—公报—中国—2021—汉、英　Ⅳ.
①F832.6

中国版本图书馆 CIP 数据核字（2022）第 161887 号

2021年度中国对外直接投资统计公报

2021 NIANDU ZHONGGUO DUIWAI ZHIJIE TOUZI TONGJI GONGBAO

中华人民共和国商务部　国家统计局　国家外汇管理局　编

出　　版：中国商务出版社
地　　址：北京市东城区安外东后巷 28 号　　邮　　编：100710
责任部门：商务事业部（010-64269744　bjys@cctpress.com）
责任编辑：张高平
直销客服：010-64266119
总 发 行：中国商务出版社发行部（010-64208388　64515150）
网购零售：中国商务出版社淘宝店（010-64286917）
网　　址：http://www.cctpress.com
网　　店：https://shop595663922.taobao.com
排　　版：北京天逸合文化有限公司
印　　刷：廊坊市蓝海德彩印有限公司
开　　本：880 毫米×1230 毫米　1/16
印　　张：10.75　　　　　　　　　　字　　数：238 千字
版　　次：2022 年 9 月第 1 版　　　　印　　次：2022 年 9 月第 1 次印刷
书　　号：ISBN 978-7-5103-4415-2
定　　价：180.00 元

目 录

2021 年度中国对外直接投资统计公报

附录　对外直接投资统计制度

CONTENTS

2021 Statistical Bulletin of China's Outward Foreign Direct Investment

2021年度

中国对外直接投资统计公报

中华人民共和国商务部
国　家　统　计　局
国　家　外　汇　管　理　局

英文翻译：
南开大学　葛顺奇　赵灏鑫

2021 年度
中国对外直接投资统计公报

中华人民共和国商务部

国家统计局

国家外汇管理局

2021 年是党和国家历史上具有里程碑意义的一年。在以习近平同志为核心的党中央坚强领导下，有关地区部门认真贯彻执行党中央、国务院决策部署，统筹国内和国际，统筹疫情防控和经济社会发展，统筹发展和安全，坚持稳中求进工作总基调，完整、准确、全面贯彻新发展理念，加快构建新发展格局，推动共建"一带一路"高质量发展。2021 年，世界经济增长 6.1%，全球外国直接投资强势反弹，流出流量达 1.7 万亿美元，较 2020 年增长 119%，较 2019 年增长 52%。中国对外直接投资流量 1788.2 亿美元，比上年增长 16.3%，位列世界第二。

一、中国对外直接投资综述

（1）2021 年，中国对外直接投资净额（以下简称流量）为 1788.2 亿美元，比上年增长 16.3%。其中：新增股权投资 531.5 亿美元，占 29.7%；当期收益再投资 993 亿美元，占 55.5%；债务工具投资 263.7 亿美元，占 14.8%。

截至 2021 年底，中国 2.86 万家境内投资者在国（境）外共设立对外直接投资企业①（以下简称境外企业）4.6 万家，分布在全球 190 个国家（地区）②，年末境外企业资产总额 8.5 万亿美元。对外直接投资累计净额（以下简称存量）27851.5 亿美元，其中：股权投资 15964 亿美元，占 57.3%；收益再投资 8932.3 亿美元，占 32.1%；债务工具投资 2955.2 亿美元，占 10.6%。

表 1　2021 年中国对外直接投资流量、存量分类构成情况

单位：亿美元

指标 分类	流量			存量	
	金额	比上年增长（%）	比重（%）	金额	比重（%）
合　计	1788.2	16.3	100.0	27851.5	100.0
金融类	268.0	36.3	15.0	3003.5	10.8
非金融类	1520.2	13.4	85.0	24848.0	89.2

注：1. 金融类指境内投资者直接投向境外金融企业的投资；非金融类指境内投资者直接投向境外非金融企业的投资。
　　2. 2021 年非金融流量数据与商务部 2021 年快报数据（1136.4 亿美元）差异主要为收益再投资部分。

联合国贸发会议（UNCTAD）《2022 世界投资报告》显示，2021 年全球对外直接投资流量 1.7 万亿美元，年末存量 41.8 万亿美元。以此为基数计算，2021 年中国对外直接投资分别占全球当年流量、存量的 10.5% 和 6.7%，流量列全球国家（地区）排名的第二位，存量列第三位。

单位：亿美元

图 1　2021 年中国与全球主要国家（地区）流量对比

① 对外直接投资企业：指境内投资者直接拥有或控制 10% 或以上股权、投票权或其他等价利益的境外企业。
② 对外直接投资的国家（地区）按境内投资者投资的首个目的地国家（地区）进行统计。

单位：亿美元

图 2　2021 年中国与全球主要国家（地区）存量对比

注：2021 年中国对外直接投资数据来源于《中国对外直接投资统计公报》，其他国家（地区）数据来源于联合国贸发会议《2022 世界投资报告》。

（2）2021 年，中国对外金融类直接投资流量 268 亿美元，比上年增长 36.3%，其中对外货币金融服务类（原银行业）直接投资 98 亿美元，占 36.6%。

2021 年末，中国对外金融类直接投资存量 3003.5 亿美元，其中对外货币金融服务类直接投资 1458 亿美元，占 48.5%；保险业 87 亿美元，占 2.9%；资本市场服务（原证券业）207 亿美元，占 6.9%；其他金融业 1251.5 亿美元，占 41.7%。

2021 年末，中国国有商业银行③共在美国、日本、英国等 51 个国家（地区）开设 101 家分行、69 家附属机构，员工总数达 5.1 万人，其中雇用外方员工 4.7 万人，占 92.2%。2021 年末，中国共在境外设立保险机构 21 家。

（3）2021 年，中国对外非金融类直接投资流量 1520.2 亿美元，比上年增长 13.4%；对外投资带动货物出口 2142 亿美元，比上年增长 23.3%，占中国货物出口总值的 6.4%；对外投资带动货物进口 1280 亿美元，比上年增长 44%，占中国货物进口总值的 4.8%；境外企业实现销售收入 30377 亿美元，比上年增长 26.4%。2021 年末，中国对外非金融类直接投资存量 24848 亿美元，境外企业资产总额 5.5 万亿美元。

---

③　中国国有商业银行包括中国银行、中国农业银行、中国工商银行、中国建设银行、交通银行和中国邮政储蓄银行。

单位：亿美元

图 3 2013—2021 年中国对外投资带动货物出口情况

（4）2021 年，境外企业向投资所在国家（地区）缴纳各种税金总额 555 亿美元，增长 24.7%；年末境外企业从业员工总数 395 万人，其中雇用外方员工 239.4 万人，增加 20.6 万人，占 60.6%。

二、中国对外直接投资流量、存量

表 2　中国建立《对外直接投资统计制度》以来历年统计结果

单位：亿美元

年份	流量			存量	
	金额	全球位次	比上年增长（%）	金额	全球位次
2002	27.0	26	—	299.0	25
2003	28.5	21	5.6	332.0	25
2004	55.0	20	93.0	448.0	27
2005	122.6	17	122.9	572.0	24
2006	211.6	13	43.8	906.3	23
2007	265.1	17	25.3	1 179.1	22
2008	559.1	12	110.9	1 839.7	18
2009	565.3	5	1.1	2 457.5	16
2010	688.1	5	21.7	3 172.1	17
2011	746.5	6	8.5	4 247.8	13
2012	878.0	3	17.6	5 319.4	13
2013	1 078.4	3	22.8	6 604.8	11
2014	1 231.2	3	14.2	8 826.4	8
2015	1 456.7	2	18.3	10 978.6	8
2016	1 961.5	2	34.7	13 573.9	6
2017	1 582.9	3	−19.3	18 090.4	2
2018	1 430.4	2	−9.6	19 822.7	3
2019	1 369.1	2	−4.3	21 988.8	3
2020	1 537.1	1	12.3	25 806.6	3
2021	1 788.2	2	16.3	27 851.5	3

注：1. 2002—2005 年数据为中国对外非金融类直接投资数据，2006—2021 年为全行业对外直接投资数据。

　　2. 2006 年同比为对外非金融类直接投资比值。

（一）2021 年中国对外直接投资流量

1. 流量位居全球第二，中国投资影响力不断扩大。

联合国贸发会议（UNCTAD）《2022 世界投资报告》显示，2021 年全球对外直接投资流量 1.7 万亿美元，比上年增长 119%，其中发达经济体④对外直接投资 1.27 万亿美元，是上年的 3.1 倍，占全球流量的 74.3%；发展中经济体对外直接投资 4384 亿美元，比上年增长 17.8%，占 25.7%。

2021 年，中国对外直接投资继续保持两位数增长，流量达 1788.2 亿美元，位列世界第二，占全球份额的 10.5%，实现"十四五"良好开局。

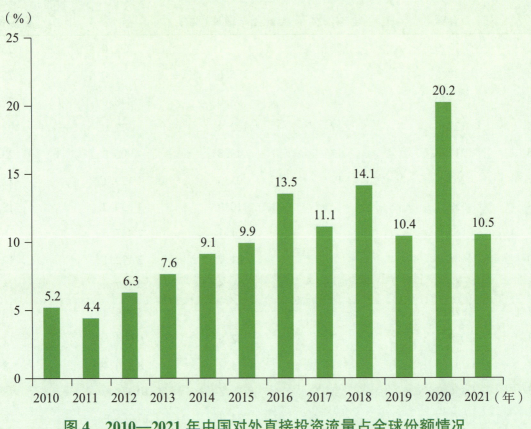

图 4　2010—2021 年中国对外直接投资流量占全球份额情况

自 2003 年发布年度对外直接投资统计数据以来，中国已连续十年位列全球对外直接投资流量前三，对世界经济的贡献日益凸显。2021 年流量是 2002 年的 66 倍，年均增长速度高达 24.7%。党的十八大以来，中国累计对外直接投资达 1.34 万亿美元，相当于存量规模的 48.2%，连续六年占全球份额超过一成，在投资所在国家（地区）累计缴纳各种税金 3682 亿美元，年均解决超过 200 万个就业岗位，中国对外投资在全球外国直接投资中的影响力不断扩大。

---

④ 包括欧盟、欧洲其他国家、加拿大、美国、澳大利亚、百慕大群岛、以色列、日本、韩国、新西兰。

单位：亿美元

图 5　2002—2021 年中国对外直接投资流量情况

注：数据来源于历年《中国对外直接投资统计公报》。

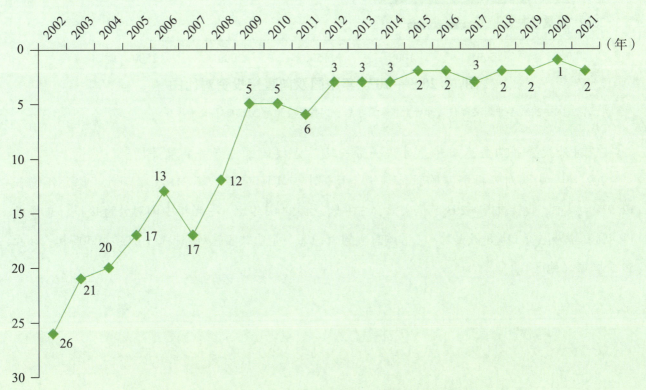

图 6　2002—2021 年中国对外直接投资流量在全球的位次

从双向投资情况看，2021 年中国对外直接投资规模略低于吸引外资（1809.6 亿美元）。

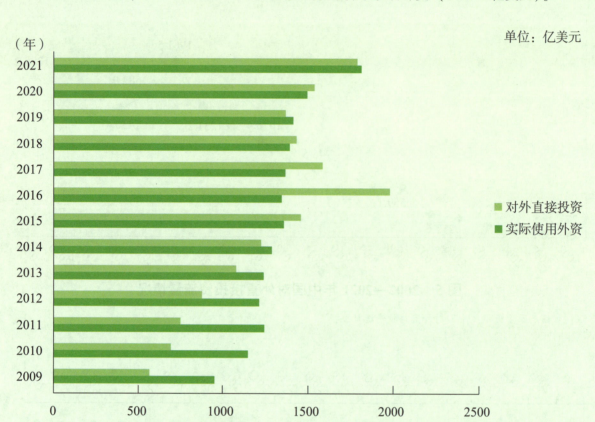

图 7　2009—2021 年中国双向直接投资对比图

注：2009—2021 年中国实际使用外资数据来源于联合国贸发会议《2022 世界投资报告》。

2. 对外投资并购企稳回升，对"一带一路"沿线国家投资并购显著增长。

2021 年，中国对外投资并购总体规模企稳回升，实际交易总额 318.3 亿美元，比上年增长 12.9%。其中，直接投资⑤ 203.5 亿美元，占并购总额的 63.9%，占当年中国对外直接投资总额的 11.4%；境外融资 114.8 亿美元，占并购总额的 36.1%。企业共实施对外投资并购项目 505 起，涉及 59 个国家（地区）。

_____

⑤ 指境内投资者或其境外企业收购项目的款项来源于境内投资者的自有资金、境内银行贷款（不包括境内投资者担保的境外贷款）。

表3   2004—2021年中国对外直接投资并购情况

单位：亿美元

年份	并购金额	同比（％）	比重（％）
2004	30.0	—	54.4
2005	65.0	116.7	53.0
2006	82.5	26.9	39.0
2007	63.0	−23.6	23.8
2008	302.0	379.4	54.0
2009	192.0	−36.4	34.0
2010	297.0	54.7	43.2
2011	272.0	−8.4	36.4
2012	434.0	59.6	31.4
2013	529.0	21.9	31.3
2014	569.0	7.6	26.4
2015	544.4	−4.3	25.6
2016	1 353.3	148.6	44.1
2017	1 196.2	−11.6	21.1
2018	742.3	−37.9	21.7
2019	342.8	−53.8	12.6
2020	282.0	−17.7	10.7
2021	318.3	12.9	11.4

注：2012—2021年并购金额包括境外融资部分，比重为并购金额中直接投资占当年流量的比重。

图8   2021年中国企业对外投资并购十大目的地（按并购金额）

表4 2021年中国对外投资并购行业构成

单位：亿美元

行业类别	数量（起）	并购金额	金额占比（%）
电力/热力/燃气及水的生产和供应业	44	80.3	25.2
制造业	128	63.0	19.8
采矿业	25	47.4	14.9
交通运输/仓储和邮政业	20	32.8	10.3
租赁和商务服务业	38	27.9	8.8
科学研究和技术服务业	84	15.9	5.0
信息传输/软件和信息技术服务业	70	13.7	4.3
批发和零售业	58	12.6	4.0
金融业	4	8.7	2.7
文化/体育和娱乐业	3	4.5	1.4
卫生和社会工作	4	3.4	1.1
建筑业	5	2.9	0.9
居民服务/修理和其他服务业	2	2.6	0.8
其他	20	2.5	0.8
总计	505	318.3	100.0

2021年，中国企业对外投资并购涉及电力/热力/燃气及水的生产和供应业、制造业、采矿业等17个行业大类。从并购金额上看，电力/热力/燃气及水的生产和供应业80.3亿美元，居首位，涉及44个项目。制造业63亿美元，位居次席，涉及128个项目。采矿业47.4亿美元，居第三位，涉及25个项目。

2021年，中国企业对外投资并购分布在全球59个国家（地区），从并购金额看，中国香港、开曼群岛、智利、巴西、百慕大群岛、印度尼西亚、美国、西班牙、新加坡、德国位列前十。

2021年，中国企业对"一带一路"沿线国家投资并购规模显著增长，并购金额62.3亿美元，较上年增长97.8%，占并购总额的19.6%，涉及实施并购项目92起。其中印度尼西亚、新加坡、越南、哈萨克斯坦、阿拉伯联合酋长国、埃及、土耳其吸引中国企业并购投资均超3亿美元。

3. 收益再投资再创历史新高，股权投资较上年减少15.7%。

《2022世界投资报告》显示，2021年全球跨国企业利润水平呈创纪录式增长，较高的留存收益也带动全球外国直接投资快速增长。从中国对外直接投资流量构成看，2021 年境外企业的经营情况良好，超七成企业盈利或持平，当年收益再投资（即新增留存收益）993 亿美元，创历史最高值，占同期中国对外直接投资流量的 55.5%。

2021 年，股权投资较上年有所放缓，新增股权 531.5 亿美元，比上年减少 15.7%，占流量总额的 29.7%；债务工具投资（仅涉及对外非金融类企业）为 263.7 亿美元，比上年增长 38.5%，占流量总额的 14.8%。

表 5　2006—2021 年中国对外直接投资流量构成

单位：亿美元

年份	流量金额	新增股权		当期收益再投资		债务工具投资	
		金额	比重（%）	金额	比重（%）	金额	比重（%）
2006	211.6	51.7	24.4	66.5	31.4	93.4	44.2
2007	265.1	86.9	32.8	97.9	36.9	80.3	30.3
2008	559.1	283.6	50.7	98.9	17.7	176.6	31.6
2009	565.3	172.5	30.5	161.3	28.5	231.5	41.0
2010	688.1	206.4	30.0	240.1	34.9	241.6	35.1
2011	746.5	313.8	42.0	244.6	32.8	188.1	25.2
2012	878.0	311.4	35.5	224.7	25.6	341.9	38.9
2013	1 078.4	307.3	28.5	383.2	35.5	387.9	36.0
2014	1 231.2	557.3	45.3	444.0	36.1	229.9	18.6
2015	1 456.7	967.1	66.4	379.1	26.0	110.5	7.6
2016	1 961.5	1141.3	58.2	306.6	15.6	513.6	26.2
2017	1 582.9	679.9	42.9	696.4	44.0	206.6	13.1
2018	1 430.4	704.0	49.2	425.3	29.7	301.1	21.1
2019	1 369.2	483.5	35.3	606.3	44.3	279.4	20.4
2020	1 537.1	630.3	41.0	716.4	46.6	190.4	12.4
2021	1 788.2	531.5	29.7	993.0	55.5	263.7	14.8

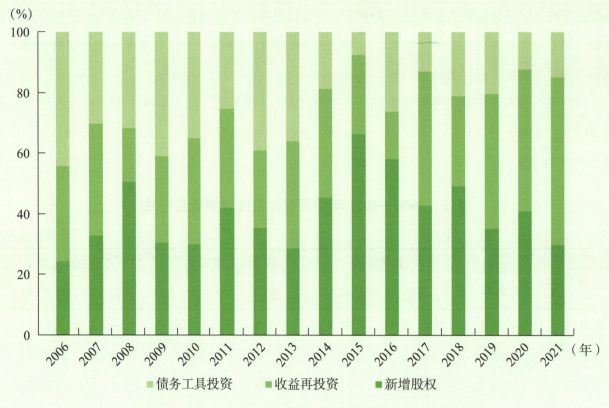

图 9　2006—2021 年中国对外直接投资构成情况

4. 八成投资流向租赁和商务服务业、批发和零售业、制造业、金融业、交通运输/仓储和邮政业领域。

2021 年，中国对外直接投资涵盖了国民经济的 18 个行业大类，其中流向租赁和商务服务业、批发和零售业、制造业、金融业、交通运输/仓储和邮政业的投资均超过百亿美元。租赁和商务服务业保持第一位，批发和零售位列第二。

流向**租赁和商务服务业**的投资 493.6 亿美元，比上年增长 27.5%，占流量总额的 27.6%。投资主要分布在中国香港、开曼群岛、英属维尔京群岛、新加坡、澳大利亚等国家（地区）。

批发和零售业的投资 281.5 亿美元，比上年增长 22.4%，占流量总额的 15.7%。投资主要流向中国香港、新加坡、美国、中国澳门、德国、马来西亚、英国、荷兰、澳大利亚等国家（地区）。

制造业的投资 268.7 亿美元，比上年增长 4%，占流量总额的 15%。投资主要流向汽车制造业、计算机/通信和其他电子设备制造业、金属制品业、专用设备制造业、有色金属冶炼和压延加工业、化学原料和化学制品业、医药制造业、其他制造业、橡胶和塑料制品业、电气机械和器材制造业、纺织业、造纸和纸制品业、通用设备制造业、非金属矿物制品业、食品制造业、化学纤维制造业、铁路/船舶/航空航天和其他运输设备制造业、黑色金属冶炼和压延加工业、家具制造业等。其中流向装备制造业的投资 141.2 亿美元，增长 18.7%，占制造业投资的 52.5%。

单位：亿美元

图10　2021年中国对外制造业投资流向的主要二级类别

金融业的投资268亿美元，比上年增长36.3%，占流量总额的15%。2021年，中国金融业境内投资者对境外金融类企业的直接投资255.7亿美元，占95.4%；中国非金融业境内投资者投向境外金融企业的投资12.3亿美元，占4.6%。

交通运输/仓储和邮政业的投资122.3亿美元，比上年增长96.3%，占流量总额的6.8%。

上述五领域合计投资1434.1亿美元，占流量总额的80.2%。

此外，2021年流向**采矿业**的投资84.1亿美元，比上年增长37.2%，占流量总额的4.7%。

信息传输/软件和信息技术服务业的投资51.3亿美元，比上年下降44.2%，占流量总额的2.9%。

科学研究和技术服务业的投资50.7亿美元，比上年增长35.9%，占流量总额的2.8%。

建筑业的投资46.2亿美元，比上年下降42.9%，占流量总额的2.6%。

电力/热力/燃气及水的生产和供应业的投资43.9亿美元，比上年下降23.9%，占流量总额的2.5%。

房地产业的投资41亿美元，比上年下降21%，占流量总额的2.3%。

居民服务/修理和其他服务业的投资18.1亿美元，比上年下降16.2%，占流量总额的1%。

农/林/牧/渔业的投资9.3亿美元，比上年下降13.9%，占流量总额的0.5%。

其他行业的投资9.5亿美元，占流量总额的0.6%。

表6　2021年中国对外直接投资流量行业分布情况

单位：亿美元

行业	流量金额	比上年增长（%）	比重（%）
合计	1 788.2	16.3	100.0
租赁和商务服务业	493.6	27.5	27.6
批发和零售业	281.5	22.4	15.7
制造业	268.7	4.0	15.0
金融业	268.0	36.3	15.0
交通运输/仓储和邮政业	122.3	96.3	6.8
采矿业	84.1	37.2	4.7
信息传输/软件和信息技术服务业	51.3	−44.2	2.9
科学研究和技术服务业	50.7	35.9	2.8
建筑业	46.2	−42.9	2.6
电力/热力/燃气及水的生产和供应业	43.9	−23.9	2.5
房地产业	41.0	−21.0	2.3
居民服务/修理和其他服务业	18.1	−16.2	1.0
农/林/牧/渔业	9.3	−13.9	0.5
卫生和社会工作	3.4	−46.9	0.2
住宿和餐饮业	2.7	125.0	0.2
水利/环境和公共设施管理业	2.2	37.5	0.1
文化/体育和娱乐业	0.9	上年为负值	0.1
教育	0.3	−76.9	0.0

5. 除流向欧洲的投资较上年减少外，对其他地区的投资均呈不同程度增长。

2021年，流向**亚洲**的投资1281亿美元，比上年增长14%，占当年对外直接投资流量的71.6%。其中对中国香港的投资1011.9亿美元，比上年增长13.5%，占对亚洲投资的79%；对东盟10国的投资 197.3 亿美元，比上年增长 22.8%，占对亚洲投资的 15.4%。

流向**拉丁美洲**的投资 261.6 亿美元，比上年增长 57%，占当年对外直接投资流量的 14.6%。投资主要流向开曼群岛、英属维尔京群岛、秘鲁、阿根廷、巴拿马、墨西哥、巴巴多斯、巴西、智利等。

流向**北美洲**的投资 65.8 亿美元，比上年增长 3.8%，占当年对外直接投资流量的 3.7%。其中对美国投资 55.8 亿美元，比上年下降 7.3%；加拿大 9.3 亿美元，比上年增长 342.9%。

流向**非洲**的投资 49.9 亿美元，比上年增长 18%，占当年对外直接投资流量的 2.8%。投资主要流向刚果（金）、赞比亚、几内亚、南非、肯尼亚、尼日尔、毛里求斯、尼日利亚、埃及、阿尔及利亚、刚果（布）等国家。

流向**大洋洲**的投资 21.2 亿美元，比上年增长 46.2%，占当年对外直接投资流量的 1.2%。投资主要流向澳大利亚、新西兰、斐济、萨摩亚等国家。

流向**欧洲**的投资 108.7 亿美元，比上年下降 14.4%，占当年对外直接投资流量的 6.1%。投资主要流向德国、英国、瑞士、荷兰、卢森堡、瑞典、爱尔兰、塞尔维亚等国家。

表 7 2021 年中国对外直接投资流量地区构成情况

单位：亿美元

洲别	流量金额	比上年增长（%）	比重（%）
亚　洲	1 281.0	14.0	71.6
欧　洲	108.7	-14.4	6.1
非　洲	49.9	18.0	2.8
北 美 洲	65.8	3.8	3.7
拉丁美洲	261.6	57.0	14.6
大 洋 洲	21.2	46.2	1.2
合　计	1 788.2	16.3	100.0

表8 **2021 年中国对外直接投资流量前二十位的国家（地区）**

单位：亿美元

序号	国家（地区）	流量金额	比重（%）
1	中国香港	1 011.9	56.6
2	英属维尔京群岛	139.7	7.8
3	开曼群岛	107.5	6.0
4	新加坡	84.1	4.7
5	美国	55.8	3.1
6	印度尼西亚	43.7	2.5
7	德国	27.1	1.5
8	越南	22.1	1.2
9	澳大利亚	19.2	1.1
10	英国	19.0	1.1
11	瑞士	18.2	1.0
12	荷兰	17.0	1.0
13	卢森堡	15.0	0.8
14	泰国	14.9	0.8
15	马来西亚	13.4	0.8
16	老挝	12.8	0.7
17	瑞典	12.8	0.7
18	刚果（金）	10.5	0.6
19	加拿大	9.3	0.5
20	阿拉伯联合酋长国	8.9	0.5
	合计	1 662.9	93.0

6. 对"一带一路"沿线国家投资领域广泛，金额创历史最高。

2021 年末，中国境内投资者在"一带一路"沿线设立境外企业超过 1.1 万家，涉及国民经济 18 个行业大类，当年实现直接投资 241.5 亿美元，比上年增长 7.1%，较 2012 年翻一番，占同期中国对外直接投资流量的 13.5%。从行业构成看，流向制造业的投资 94.3 亿美元，比上年增长 22.8%，占 39%；批发和零售业 33.3 亿美元，占 13.8%；建筑业 24.1 亿美元，占 10%；租赁和商务服务业 22.9 亿美元，占 9.5%；电力/热力/燃气及水的生产和供应业 18.5 亿美元，占 7.7%；交通运输/仓储和邮政业 16.6 亿美元，占 6.9%；金融业 13.9 亿美元，占 5.6%；居民服务/修理和其他服务业 6 亿美元，占 2.5%；科学研究和技术服务业 5.4 亿美元，占 2.2%。从国别构成看，投资主要流向新加坡、印度尼西亚、越南、泰国、马来西亚、老挝、阿拉伯联合酋长国、哈萨克斯坦、巴基斯坦、沙特阿拉伯等国家。2013—2021 年中国对"一带一路"沿线国家累计直接投资 1640 亿美元。

单位：亿美元

图 11　2013—2021 年中国对"一带一路"沿线国家投资情况

7. 近六成投资来自地方企业，中央企业和单位投资增长三成。

2021 年，中央企业和单位对外非金融类直接投资流量 642.9 亿美元，占非金融类流量的 42.3%，比上年增长 30.7%，超六成来自收益再投资。地方企业 877.3 亿美元，比上年增长 3.4%，占 57.7%。其中，东部地区 718.1 亿美元，占地方投资流量的 81.9%，比上年增长 0.6%；中部地区 100.3 亿美元，占 11.4%，比上年增长 44.6%；西部地区 45.1 亿美元，占 5.1%，比上年下降 23.8%；东北三省 13.8 亿美元，占 1.6%，比上年增长 126.2%。广东、浙江、上海、江苏、北京、山东、福建、安徽、河北、天津列地方对外直接投资流量前十位，合计 738.4 亿美元，占地方对外直接投资流量的 84.2%。深圳市对外直接投资流量 87.2 亿美元，列计划单列市之首，占广东省的 61.5%。

表9 2021 年地方对外直接投资流量按区域分布情况

单位：亿美元

地区	流量金额	比重（%）	比上年增长（%）
东部地区	718.1	81.9	0.6
中部地区	100.3	11.4	44.6
西部地区	45.1	5.1	−23.8
东北三省	13.8	1.6	126.2
合　计	877.3	100.0	3.4

注：1. 东部地区包括北京、天津、河北、上海、江苏、浙江、福建、山东、广东和海南。
　　2. 中部地区包括山西、安徽、江西、河南、湖北、湖南六省。
　　3. 西部地区包括内蒙古、广西、四川、重庆、贵州、云南、陕西、甘肃、青海、宁夏、新疆、西藏。
　　4. 东北三省包括黑龙江、吉林、辽宁。

表10 2021 年地方对外直接投资流量前十位的省市

单位：亿美元

序号	省市	流量金额	占地方比重（%）
1	广东省	141.7	16.2
2	浙江省	133.7	15.2
3	上海市	132.2	15.1
4	江苏省	90.6	10.3
5	北京市	70.5	8.1
6	山东省	50.2	5.7
7	福建省	40.4	4.6
8	安徽省	28.4	3.2
9	河北省	27.5	3.1
10	天津市	23.2	2.7
	合　计	738.4	84.2

8. 公有经济控股主体对外投资增速高于非公有经济。

2021 年，在中国对外非金融类投资流量中，非公有经济控股的境内投资者对外投资 699 亿美元，比上年增长 4.1%，占 46%，较上年下降 4.1 个百分点；公有经济控股对外投资 821.2 亿美元，占 54%，比上年增长 22.8%。

（二）2021 年末中国对外直接投资存量

1. 在全球的位置和比重

2021 年末，中国对外直接投资存量 27851.5 亿美元，较上年末增加 2044.9 亿美元[⑥]，是 2002 年

---

⑥ 2021 年存量中充实了部分中国自然人对外投资数据。

末存量的 93.1 倍，占全球外国直接投资流出存量的份额由 2002 年的 0.4% 提升至 6.7%，排名由第 25 位攀升至第 3 位，仅次于美国（9.8 万亿美元）、荷兰（3.4 万亿美元）。从存量规模上看，中国与美国差距较大，仅相当于美国的 28.4%。

单位：亿美元

图 12　2002—2021 年中国对外直接投资存量情况

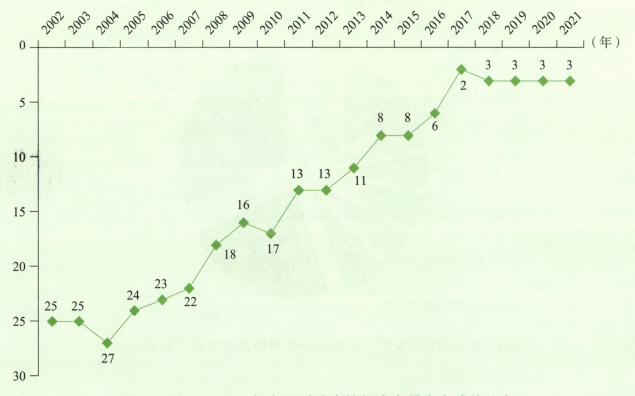

图 13　2002—2021 年中国对外直接投资存量在全球的位次

表 11 2021 年末全球对外直接投资存量上万亿美元的国家（地区）

单位：亿美元

位次	国家（地区）	存量金额	占全球比重（%）
1	美 国	98 135	23.5
2	荷 兰	33 569	8.0
3	中 国	27 852	6.7
4	加 拿 大	22 853	5.5
5	英 国	21 664	5.2
6	德 国	21 413	5.1
7	中国香港	20 823	5.0
8	日 本	19 839	4.7
9	瑞 士	15 785	3.8
10	法 国	15 450	3.7
11	新 加 坡	13 464	3.2
12	爱 尔 兰	12 738	3.0
13	卢 森 堡	12 728	3.0
	合 计	336 313	80.4

注：2021 年中国对外直接投资数据来源于《中国对外直接投资统计公报》，其他国家（地区）数据来源于联合国贸发会议《2022 世界投资报告》。

图 14 2021 年末全球主要经济体对外直接投资存量占比

2. 国家（地区）分布。

2021 年末，中国对外直接投资存量分布在全球的 190 个国家（地区），占全球国家（地区）总数的 81.5%。

2021 年末，中国在**亚洲**的投资存量为 17720.1 亿美元，占 63.6%，主要分布在中国香港、新加坡、印度尼西亚、中国澳门、越南、马来西亚、老挝、泰国、阿拉伯联合酋长国、哈萨克斯坦、巴基斯坦、柬埔寨等国家（地区）；中国香港占亚洲存量的 87.5%。

拉丁美洲的投资 6937.4 亿美元，占 25%，主要分布在英属维尔京群岛、开曼群岛、巴西、秘鲁、阿根廷、巴哈马、墨西哥、智利、牙买加、巴拿马、委内瑞拉、厄瓜多尔等国家（地区）。其中英属维尔京群岛和开曼群岛合计存量 6770 亿美元，占对拉美地区投资存量的 97.6%。

欧洲的投资 1347.9 亿美元，占 4.8%，主要分布在荷兰、英国、卢森堡、瑞典、德国、俄罗斯联邦、瑞士、法国、意大利、爱尔兰、西班牙、格鲁吉亚等国家（地区）。2021 年末，在中东欧 17 国的投资存量为 30.2 亿美元，占对欧投资的 2.2%。

北美洲的投资 1002.3 亿美元，占 3.6%，主要分布在美国、加拿大。

非洲的投资 441.9 亿美元，占 1.6%，主要分布在南非、刚果（金）、赞比亚、埃塞俄比亚、安哥拉、尼日利亚、肯尼亚、阿尔及利亚、津巴布韦、坦桑尼亚、尼日尔、埃及、莫桑比克、苏丹、加纳等国家（地区）。

大洋洲的投资 401.9 亿美元，占 1.4%，主要分布在澳大利亚、新西兰、巴布亚新几内亚、萨摩亚、马绍尔群岛共和国、斐济等国家（地区）。

图 15　2021 年中国对外直接投资存量地区分布情况

中国对外直接投资存量的近九成分布在发展中经济体。2021 年末，中国在发展中经济体的投资存量为 24983.8 亿美元，占 89.7%，其中中国香港 15496.6 亿美元，占发展中经济体投资存量的 62%；东盟 1402.8 亿美元，占 5.6%。

2021 年末，中国在发达经济体的直接投资存量为 2867.7 亿美元，占 10.3%。其中欧盟 959 亿美元，占在发达经济体投资存量的 33.5%；美国 771.7 亿美元，占 26.9%；澳大利亚 344.3 亿美元，占 12%；英国 190.1 亿美元，占 6.6%；加拿大 137.9 亿美元，占 4.8%；俄罗斯 106.4 亿美元，占 3.7%；百慕大群岛 92.6 亿美元，占 3.2%；瑞士 69.5 亿美元，占 2.4%；韩国 66 亿美元，占 2.3%；日本 48.8 亿美元，占 1.7%；以色列 34.5 亿美元，占 1.2%；新西兰 31.3 亿美元，占 1.1%。

表 12　2021 年末中国在发达经济体直接投资存量情况

单位：亿美元

经济体	存量金额	比重（%）
欧　　盟	959.0	33.5
美　　国	771.7	26.9
澳 大 利 亚	344.3	12.0
英　　国	190.1	6.6
加 　拿　 大	137.9	4.8
俄 　罗　 斯	106.4	3.7
百慕大群岛	92.6	3.2
瑞　　士	69.5	2.4
韩　　国	66.0	2.3
日　　本	48.8	1.7
以 　色　 列	34.5	1.2
新 　西　 兰	31.3	1.1
其他国家（地区）	15.6	0.6
合　　计	2 867.7	100.0

2021 年末，中国对外直接投资存量前二十位的国家（地区）合计达到 26114.8 亿美元，占中国对外直接投资存量的 93.8%。其分别是：中国香港、英属维尔京群岛、开曼群岛、美国、新加坡、澳大利亚、荷兰、印度尼西亚、英国、卢森堡、瑞典、德国、加拿大、中国澳门、越南、俄罗斯联邦、马来西亚、老挝、泰国、阿拉伯联合酋长国。

发达经济体，10.3%

发展中经济体，89.7%

图 16 2021 年末中国对经济体直接投资存量构成

表 13 2021 年末中国对外直接投资存量前二十位的国家（地区）

单位：亿美元

序号	国家（地区）	存量金额	比重（%）
1	中国香港	15 496.6	55.6
2	英属维尔京群岛	4 474.8	16.1
3	开曼群岛	2 295.3	8.2
4	美国	771.7	2.8
5	新加坡	672.0	2.4
6	澳大利亚	344.3	1.2
7	荷兰	284.9	1.0
8	印度尼西亚	200.8	0.7
9	英国	190.1	0.7
10	卢森堡	181.3	0.6
11	瑞典	170.3	0.6
12	德国	167.0	0.6
13	加拿大	137.9	0.5
14	中国澳门	112.4	0.4
15	越南	108.5	0.4
16	俄罗斯联邦	106.4	0.4
17	马来西亚	103.5	0.4
18	老挝	99.4	0.4
19	泰国	99.2	0.4
20	阿拉伯联合酋长国	98.4	0.4
合　　计		**26 114.8**	**93.8**

2021 年末，中国对"一带一路"沿线国家的直接投资存量为 2138.4 亿美元，占中国对外直接投资存量的 7.7%。存量位列前十的国家是：新加坡、印度尼西亚、越南、俄罗斯联邦、马来西亚、老挝、泰国、阿拉伯联合酋长国、哈萨克斯坦、巴基斯坦。

3. 行业分布。

（1）按国民经济行业分。

2021 年末，中国对外直接投资覆盖了国民经济所有行业类别，存量规模上千亿美元的行业有六个。

租赁和商务服务业的投资以 11152.4 亿美元高居榜首，占中国对外直接投资存量的 40%。其包括以投资控股为主的对外投资活动，主要分布在中国香港、英属维尔京群岛、开曼群岛、新加坡、美国、澳大利亚、英国、卢森堡等国家（地区）。

批发和零售业的投资 3695.8 亿美元，位列第二，占 13.3%。

金融业的投资 3003.5 亿美元，占 10.8%。

货币金融服务，48.5%
保险业，2.9%
资本市场服务，6.9%
其他金融业，41.7%

图 17　2021 年末中国对外金融业投资存量构成

制造业的投资 2632.6 亿美元，占 9.5%，主要分布在汽车制造业、计算机/通信及其他电子设备制造业、专用设备制造业、其他制造业、医药制造业、食品制造业等领域。其中汽车制造业存量 651.7 亿美元，占制造业投资存量的 24.8%。

采矿业的投资 1815.1 亿美元，占 6.5%，主要分布在石油和天然气开采业、有色金属矿采选业、黑色金属矿采选业、煤炭开采和洗选业等领域。

信息传输/软件和信息技术服务业的投资 1602.3 亿美元，占 5.8%，是中国自然人对外投资较为集中的领域。

以上六个行业存量合计 23901.7 亿美元，占中国对外直接投资存量的 85.8%。其他主要行业分布情况：

房地产业的投资 929.2 亿美元，占 3.3%。

交通运输/仓储和邮政业的投资 917.2 亿美元，占 3.3%，主要分布在水上运输、多式联运和运输代理、交通运输/仓储和邮政、航空运输等。

建筑业的投资 550.7 亿美元，占 2%，主要是土木工程、房屋建筑、建筑安装、建筑装饰/装修和其他建筑业的投资。

电力/热力/燃气及水的生产和供应业的投资 504.9 亿美元，占 1.8%，主要为电力、热力生产和供应业的投资。

科学研究和技术服务业 450.8 亿美元，占 1.6%，主要为科技推广和应用服务、专业技术服务、研究和试验发展等。

农/林/牧/渔业的投资 188.2 亿美元，占 0.7%，其中农业占 22.8%，林业占 20.4%，渔业占 8.6%，畜牧业占 4.4%，农/林/牧/渔专业及辅助性活动占 39.5%。

居民服务/修理和其他服务业的投资 146.1 亿美元，占 0.5%，主要是其他服务业和居民服务业的投资。

图 18　2021 年末中国对外直接投资存量行业分布

文化/体育和娱乐业的投资 120.1 亿美元，占 0.4%。

住宿和餐饮业的投资 49.1 亿美元，占 0.2%。

卫生和社会工作的投资 37.7 亿美元，占 0.1%。

水利/环境和公共设施管理业的投资 28.5 亿美元，占 0.1%。

教育的投资 27.3 亿美元，占 0.1%。

从不同地区的行业分布情况看，中国对各地区直接投资的行业高度集中。

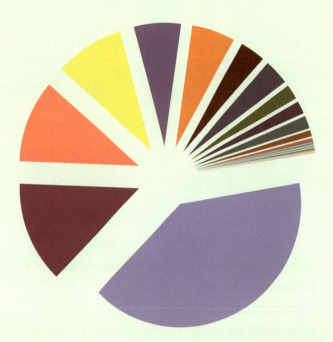

租赁和商务服务业，40.0%　　批发和零售业，13.3%

金融业，10.8%　　制造业，9.5%

采矿业，6.5%　　信息传输/软件和信息技术服务业，5.8%

房地产业，3.3%　　交通运输/仓储和邮政业，3.3%

建筑业，2.0%　　电力/热力/燃气及水的生产和供应业，1.8%

科学研究和技术服务业，1.6%　　农/林/牧/渔业，0.7%

居民服务/修理和其他服务业，0.5%　　文化/体育和娱乐业，0.4%

住宿和餐饮业，0.2%　　卫生和社会工作，0.1%

水利/环境和公共设施管理业，0.1%　　教育，0.1%

图 19　2021 年末中国对外直接投资存量行业比重

表 14   2021 年末中国对各洲直接投资存量前五位的行业

单位：亿美元

地区	行业名称	存量金额	占比（%）
亚洲	租赁和商务服务业	7 577.0	42.7
	批发和零售业	2 734.6	15.4
	金融业	2 100.6	11.9
	制造业	1 357.0	7.7
	采矿业	889.4	5.0
	小计	14 658.6	82.7
非洲	建筑业	163.4	37.0
	采矿业	99.9	22.6
	制造业	59.3	13.4
	金融业	42.0	9.5
	租赁和商务服务业	20.4	4.6
	小计	385.0	87.1
欧洲	制造业	410.5	30.5
	采矿业	237.2	17.6
	金融业	208.2	15.4
	租赁和商务服务业	126.4	9.4
	房地产业	68.6	5.1
	小计	1 050.9	78.0
拉丁美洲	租赁和商务服务业	3 277.3	47.2
	信息传输/软件和信息技术服务业	1 092.1	15.7
	批发和零售业	795.9	11.5
	制造业	506.5	7.3
	金融业	439.8	6.3
	小计	6 111.6	88.0
北美洲	制造业	259.8	25.9
	采矿业	195.8	19.5
	金融业	173.8	17.3
	租赁和商务服务业	97.3	9.7
	批发和零售业	74.5	7.4
	小计	801.2	79.8
大洋洲	采矿业	170.9	42.5
	租赁和商务服务业	54.0	13.4
	制造业	39.5	9.8
	金融业	39.1	9.7
	房地产业	30.2	7.5
	小计	333.7	82.9

（2）按三次产业分。

2021 年末，中国对外直接投资存量的八成集中在第三产业（即服务业），金额为 22291.7 亿美元，主要分布在租赁和商务服务业、批发和零售业、金融业、信息传输/软件和信息技术服务业、房地产业、交通运输/仓储和邮政业等领域。第二产业 5446 亿美元，占中国对外直接投资存量的 19.6%，其中制造业（不含金属制品/机械和设备修理业）2631.1 亿美元，占第二产业的 48.3%；采矿业（不含开采辅助活动）1759.3 亿美元，占 32.3%；建筑业 550.7 亿美元，占 10.1%；电力/热力/燃气及水的生产和供应业 504.9 亿美元，占 9.3%。第一产业（农/林/牧/渔业，但不含农/林/牧/渔服务业）113.8 亿美元，占中国对外直接投资存量的 0.4%。

■ 第一产业，0.4%　　■ 第二产业，19.6%　　■ 第三产业，80.0%

图 20　2021 年末中国对外直接投资存量按三次产业分类构成

4. 按境内投资者工商行政管理注册类型分类

2021 年末，在对外非金融类直接投资 24848 亿美元存量中，国有企业占 51.6%；非国有企业占 48.4%，其中股份有限公司占 10.2%，个体经营占 6.1%，私营企业占 6.1%，外商投资企业占 2.9%，港澳台商投资企业占 1.6%，有限责任公司占 1.5%，股份合作企业占 0.4%，集体企业占 0.4%，其他占 19.2%。

股份合作企业，0.4%
集体企业，0.4%
其他，19.2%
外商投资企业，2.9%
港澳台商投资企业，1.6%
私营企业，6.1%
股份有限公司，10.2%
个体经营，6.1%
有限责任公司，1.5%
国有企业，51.6%

图 21　2021 年末中国对外非金融类直接投资存量按境内投资者注册类型分布情况

图 22　2006—2021 年中国国有企业和非国有企业存量占比情况

5．省市分布。

2021 年末，地方企业对外非金融类直接投资存量达到 8504.5 亿美元，占全国非金融类存量的 34.2%。其中，东部地区 6996.9 亿美元，占 82.3%；西部地区 671.1 亿美元，占 7.9%；中部地区

638.6 亿美元，占 7.5%；东北三省 197.9 亿美元，占 2.3%。广东省以 1657.2 亿美元的存量位列地方对外直接投资存量之首，其次为上海市 1515 亿美元，其后依次为北京、浙江、江苏、山东、福建、天津、安徽、河南等。在 5 个计划单列市中，深圳市以 965.7 亿美元位列第一，占广东省对外直接投资存量的 58.3%；宁波市以 191.6 亿美元位列第二，占浙江省存量的 23.3%。

表 15 　2021 年末对外直接投资存量前十位的省市

单位：亿美元

序号	省市	存量金额
1	广东省	1 657.2
2	上海市	1 515.0
3	北京市	958.8
4	浙江省	823.1
5	江苏省	685.4
6	山东省	578.8
7	福建省	255.4
8	天津市	240.6
9	安徽省	176.4
10	河南省	165.6
合计（占地方存量的 83.0%）		7 056.3

图 23　2021 年末地方企业对外直接投资存量地区比重构成

三、中国对世界主要经济体的直接投资

表16 2021 年中国对主要经济体投资情况

单位：亿美元

经济体	流量			存量	
	金额	比上年增长（%）	比重（%）	金额	比重（%）
中国香港	1 011. 9	13. 5	56. 6	15 496. 6	55. 7
东　　盟	197. 3	22. 8	11. 0	1 402. 8	5. 0
欧　　盟	78. 6	−22. 2	4. 4	959. 0	3. 4
美　　国	55. 8	−7. 2	3. 1	771. 7	2. 8
澳大利亚	19. 2	60. 3	1. 1	344. 3	1. 2
合　　计	1 362. 8	11. 2	76. 2	18 974. 4	68. 1

（一）中国内地对中国香港的投资

2021 年，中国内地对中国香港的投资流量为 1011. 9 亿美元，比上年增长 13. 5%，占当年中国内地对外直接投资总额的 56. 6%，占对亚洲投资流量近八成。当年，中国内地企业共对中国香港实施并购项目 100 起，实际交易金额 43. 4 亿美元。

从流量行业构成情况看，投资流向租赁和商务服务业 373. 9 亿美元，比上年增长 23. 5%，占 37%，排名第一；批发和零售业 218. 2 亿美元，比上年增长 26. 2%，占 21. 6%，位居次席；金融业 131. 8 亿美元，比上年下降 5%，占 13%；交通运输/仓储和邮政业 88. 6 亿美元，比上年增长 140%，占 8. 8%；制造业 62. 3 亿美元，比上年下降 2. 8%，占 6. 2%；房地产业 41. 5 亿美元，比上年下降 9. 8%，占 4. 1%；采矿业 41 亿美元，比上年增长 73. 6%，占 4%。

2021 年末，中国内地共在中国香港地区设立直接投资企业近 1. 5 万家，年末投资存量为 15496. 6 亿美元，占中国内地对境外直接投资存量的一半以上，占对亚洲投资存量的 87. 5%。从存量的主要行业构成看，其主要分布在租赁和商务服务业 7333. 7 亿美元，占 47. 3%；批发和零售业 2471. 7 亿美元，占 16%；金融业 1853 亿美元，占 12%；制造业 815. 4 亿美元，占 5. 3%；房地产业 731. 7 亿美

元，占 4.7%；采矿业 719.4 亿美元，占 4.6%；交通运输/仓储和邮政业 567.9 亿美元，占 3.7%；信息传输/软件和信息技术服务业 371.6 亿美元，占 2.4%；电力/热力/燃气及水的生产和供应业 220.7 亿美元，占 1.4%；建筑业 91.2 亿美元，占 0.6%；居民服务/修理和其他服务业 90.1 亿美元，占 0.6%；科学研究和技术服务业 81.4 亿美元，占 0.5%；文化/体育和娱乐业占 0.4%；农/林/牧/渔业占 0.2%；卫生和社会工作占 0.1%；其他行业占 0.2%。

表 17　2021 年中国内地对中国香港直接投资的主要行业

单位：万美元

行业	流量金额	比重（%）	存量金额	比重（%）
租赁和商务服务业	3 739 271	37.0	73 337 127	47.3
批发和零售业	2 181 981	21.6	24 717 226	16.0
金融业	1 318 359	13.0	18 530 073	12.0
制造业	623 467	6.2	8 153 562	5.3
房地产业	415 116	4.1	7 316 853	4.7
采矿业	409 753	4.0	7 193 930	4.6
交通运输/仓储和邮政业	886 245	8.8	5 678 718	3.7
信息传输/软件和信息技术服务业	180 282	1.8	3 716 110	2.4
电力/热力/燃气及水的生产和供应业	136 400	1.3	2 206 873	1.4
建筑业	15 775	0.2	912 390	0.6
居民服务/修理和其他服务业	34 014	0.3	900 826	0.6
科学研究和技术服务业	111 337	1.1	813 894	0.5
文化/体育和娱乐业	1 792	0.0	683 030	0.4
农/林/牧/渔业	2 914	0.0	304 333	0.2
卫生和社会工作	61 618	0.6	199 531	0.1
其他行业	763	0.0	301 288	0.2
合计	10 119 087	100.0	154 965 764	100.0

（二）中国对东盟的投资

2021 年，中国对东盟的直接投资流量为 197.3 亿美元，比上年增长 22.8%，占当年流量总额的 11%，占对亚洲投资流量的 15.4%；年末存量为 1402.8 亿美元，占存量总额的 5%、对亚洲投资存量的 7.9%。2021 年末，中国共在东盟设立直接投资企业超过 6200 家，雇用外方员工超 58 万人。

从流量行业构成情况看，投资的第一目标行业是制造业 86.2 亿美元，比上年增长 36%，占

43.7%，主要流向印度尼西亚、越南、泰国和新加坡；第二是批发和零售业31.7亿美元，比上年增长98.5%，占16.1%，主要流向新加坡；租赁和商务服务业位列第三，21.5亿美元，比上年增长25.9%，占10.9%，主要流向新加坡；电力/热力/燃气及水的生产和供应业14.5亿美元，比上年增长1.2%，占7.4%，主要流向新加坡、马来西亚、越南、印度尼西亚；交通运输/仓储和邮政业10.3亿美元，比上年增长23.2%，占5.2%，主要流向老挝和新加坡；金融业6.5亿美元，比上年下降14.9%，占比3.3%，主要流向新加坡；居民服务/修理和其他服务业6亿美元，比上年增长139.5%，占3.1%，主要流向新加坡；建筑业5.8亿美元，比上年下降65%，占3%，主要流向新加坡、柬埔寨和印度尼西亚；采矿业5.4亿美元，上年为负流量，占2.7%，主要流向新加坡和印度尼西亚；信息传输/软件和信息技术服务业4亿美元，下降38.7%，占2%，主要流向新加坡等。

从流向的主要国家看，新加坡位居首位，流量达84.1亿美元，比上年增长41.9%，占对东盟投资流量的42.6%，主要投向批发和零售业、租赁和商务服务业、制造业、电力/热力/燃气及水的生产和供应业等；其次为印度尼西亚43.7亿美元，比上年增长98.9%，占22.2%，主要投向制造业、租赁和商务服务业、电力/热力/燃气及水的生产和供应业等；越南位列第三，22.1亿美元，比上年增长17.7%，占11.2%，主要投向制造业、电力/热力/燃气及水的生产和供应业等。

从存量的主要行业构成看，投向制造业417.6亿美元，占29.8%，主要分布在印度尼西亚、新加坡、越南、泰国和马来西亚等；租赁和商务服务业224.4亿美元，占16%，主要分布在新加坡、印度尼西亚等；批发和零售业205.6亿美元，占14.6%，主要分布在新加坡、马来西亚、泰国等；电力/热力/燃气及水的生产和供应业141.8亿美元，占10.1%，主要分布在新加坡、印度尼西亚、马来西亚、缅甸和越南等；建筑业100.8亿美元，占7.2%，主要分布在印度尼西亚、柬埔寨、新加坡、老挝、马来西亚等；金融业76.3亿美元，占5.4%，主要分布在新加坡、泰国、印度尼西亚、马来西亚等；交通运输/仓储和邮政业64.4亿美元，占4.6%，主要分布在新加坡、老挝等；农/林/牧/渔业52.8亿美元，占3.8%，主要分布在老挝、新加坡、印度尼西亚、柬埔寨等；采矿业40.7亿美元，占2.9%，主要分布在印度尼西亚、缅甸、老挝和新加坡等；信息传输/软件和信息技术服务业25亿美元，占1.8%，主要集中在新加坡；房地产业15.8亿美元，占1.1%，主要分布在新加坡、老挝、印度尼西亚等。

从存量看，中国对新加坡直接投资额居首位，达672亿美元，占对东盟投资存量的47.9%，主要投向租赁和商务服务业、批发和零售业、制造业、金融业等；其次为印度尼西亚200.8亿美元，占14.3%，主要投向制造业、电力/热力/燃气及水的生产和供应业、建筑业等；越南位列第三，108.5亿美元，占7.7%，主要投向制造业、电力/热力/燃气及水的生产和供应业、建筑业、租赁和商务服务业等。

表 18　2021 年中国对东盟直接投资的主要行业

单位：万美元

行业	流量金额	比重（%）	存量金额	比重（%）
制造业	862 011	43.7	4 176 476	29.8
租赁和商务服务业	214 541	10.9	2 244 120	16.0
批发和零售业	317 309	16.1	2 056 082	14.6
电力/热力/燃气及水的生产和供应业	145 256	7.4	1 417 815	10.1
建筑业	58 495	3.0	1 007 559	7.2
金融业	65 005	3.3	763 049	5.4
交通运输/仓储和邮政业	102 699	5.2	644 470	4.6
农/林/牧/渔业	29 869	1.5	527 911	3.8
采矿业	54 083	2.7	406 829	2.9
信息传输/软件和信息技术服务业	40 202	2.0	249 743	1.8
房地产业	−10 039	−0.5	157 835	1.1
居民服务/修理和其他服务业	60 270	3.1	134 310	0.9
科学研究和技术服务业	22 681	1.1	131 144	0.9
住宿和餐饮业	9 397	0.5	37 682	0.3
水利/环境和公共设施管理业	10 528	0.5	36 889	0.3
其他行业	−9 151	−0.5	36 182	0.3
合计	1 973 158	100.0	14 028 094	100.0

单位：亿美元

图 24　2021 年末中国对东盟 10 国直接投资存量情况

（三）中国对欧盟的投资

2021 年，中国对欧盟的投资流量达 78.6 亿美元，比上年下降 22.2%，占流量总额的 4.4%。2021 年末，中国共在欧盟设立直接投资企业超 2700 家，覆盖欧盟的全部 27 个成员国，雇用外方员工近 27 万人。

从流向的主要国家看，德国居首位，流量达 27.1 亿美元，比上年增长 97.1%，占 34.5%，主要投向制造业、电力/热力/燃气及水的生产和供应业、批发和零售业和金融业等；其次为荷兰 17 亿美元，比上年下降 65.5%，占对欧盟投资流量的 21.7%，主要投向信息传输/软件和信息技术服务业、采矿业、批发和零售业等；卢森堡 15 亿美元位列第三，比上年增长 113.9%，占 19.1%，主要投向居民服务/修理和其他服务业、制造业、租赁和商务服务业等。

从整体行业分布看，2021 年中国企业投资欧盟的第一大行业是制造业 36.9 亿美元，比上年增长 18.8%，占 47%，主要流向德国、瑞典、卢森堡、意大利等；第二是金融业 11.2 亿美元，比上年增长 155.5%，占 14.3%，主要集中在卢森堡、德国和爱尔兰；信息传输/软件和信息技术服务业排在第三，10.8 亿美元，比上年下降 40.2%，占 13.7%，主要流向荷兰、德国等；租赁和商务服务业 4.6 亿美元，比上年下降 32.8%，占 5.9%，主要流向德国、卢森堡、比利时等；居民服务/修理和其他服务业 4.4 亿美元，比上年增长 197.4%，占 5.6%，主要流向卢森堡、德国等；电力/热力/燃气及水的生产和供应业 4 亿美元，增长 6.5 倍，占 5%，主要流向德国、卢森堡等；采矿业 3.4 亿美元，比上年下降 87.2%，占 4.3%，主要流向荷兰、卢森堡等；科学研究和技术服务业 1.7 亿美元，比上年增长 21.3%，占 2.2%，主要流向德国、荷兰、法国等；交通运输/仓储和邮政业 1.3 亿美元，比上年增长 120.5%，占 1.7%，主要集中在德国等；批发和零售业 0.6 亿美元，比上年下降 93.6%，占 0.7%。

2021 年末，中国对欧盟直接投资存量为 959 亿美元，占中国对外直接投资存量的 3.4%。存量上百亿美元的国家为荷兰、卢森堡、瑞典、德国。其中，对荷兰直接投资额居首位，达 284.9 亿美元，占对欧盟投资存量的 29.7%，主要投向采矿业、信息传输/软件和信息技术服务业、制造业、租赁和商务服务业、批发和零售业等；其次为卢森堡 181.3 亿美元，占 18.9%，主要投向金融业、租赁和商务服务业、制造业等；瑞典位列第三，170.3 亿美元，占 17.8%，主要投向制造业、房地产业、住宿和餐饮业、科学研究和技术服务业等。

从存量的行业分布看，制造业 289.2 亿美元，占 30.2%，主要分布在瑞典、德国、荷兰、卢森堡、意大利、法国等；采矿业 191.3 亿美元，占 19.9%，主要分布在荷兰、卢森堡、塞浦路斯等；金融业 134.3 亿美元，占 14%，主要分布在卢森堡、德国、法国、意大利等；租赁和商务服务业 77.2 亿美元，占 8%，主要分布在卢森堡、德国、法国、荷兰、爱尔兰等；信息传输/软件和信息技术服务业 58.7 亿美元，占 6.1%，主要集中在荷兰、德国；房地产业 57.3 亿美元，占 6%，主要集中在瑞典、德国等；批发和零售业 49.4 亿美元，占 5.1%，主要分布在法国、德国、卢森堡、意大利、荷兰等；电力/热力/燃气及水的生产和供应业 26.4 亿美元，占 2.8%，主要分布在卢森堡、德国、西班牙、意大利等；科学研究和技术服务业 26 亿美元，占 2.7%，主要分布在德国、瑞典、卢森堡、意大利等；交通运输/仓储和邮政业 13.2 亿美元，占 1.4%，主要分布在德国、希腊等；住宿和餐饮业 11.3 亿美元，占 1.2%，主要分布在瑞典、法国等。

表 19 2021 年中国对欧盟直接投资的主要行业

单位：万美元

行业	流量金额	比重（%）	存量金额	比重（%）
制造业	369 438	47.0	2 892 391	30.2
采矿业	34 057	4.3	1 913 122	19.9
金融业	111 849	14.3	1 343 168	14.0
租赁和商务服务业	46 456	5.9	772 448	8.0
信息传输/软件和信息技术服务业	107 503	13.7	586 858	6.1
房地产业	−791	−0.1	572 662	6.0
批发和零售业	5 611	0.7	494 155	5.1
电力/热力/燃气及水的生产和供应业	39 512	5.0	263 903	2.8
科学研究和技术服务业	17 112	2.2	260 122	2.7
交通运输/仓储和邮政业	13 364	1.7	132 038	1.4
住宿和餐饮业	−2 542	−0.3	112 979	1.2
居民服务/修理和其他服务业	44 078	5.6	102 074	1.1
文化/体育和娱乐业	64	0.0	58 256	0.6
农/林/牧/渔业	−1 543	−0.2	52 319	0.5
建筑业	−213	0.0	18 854	0.2
其他行业	1 551	0.2	14 490	0.2
合计	785 506	100.0	9 589 839	100.0

（四）中国对美国的投资

2021 年，中国对美国直接投资较上年下降 7.2%，流量为 55.8 亿美元，占当年中国对外直接投资总额的 3.1%，占对北美洲投资流量的 84.9%；存量为 771.7 亿美元，占中国对外直接投资存量的 2.8%，占对北美洲投资存量的 77%。2021 年末，中国共在美国设立境外企业近 5300 家，雇用外方员工超过 7.5 万人。

2021 年，中国对美投资覆盖国民经济 18 个行业大类。从构成情况看，流向金融业 36.7 亿美元，比上年增长 3.9 倍，占 65.8%；制造业 17.8 亿美元，比上年下降 60.8%，占 32%，位居次席；批发和零售业 10.6 亿美元，比上年下降 8.6%，占 19%；科学研究和技术服务业 5.9 亿美元，比上年增长 50%，占 10.6%；信息传输/软件和信息技术服务业、房地产业、住宿和餐饮业均为负流量。

从存量的行业构成看，主要分布在制造业 232.4 亿美元，占 30.1%；金融业 149.5 亿美元，占 19.4%；租赁和商务服务业 84.8 亿美元，占 11%；批发和零售业 72.2 亿美元，占 9.4%；采矿业 59.7 亿美元，占 7.7%；科学研究和技术服务业 35 亿美元，占 4.5%；文化/体育和娱乐业 34.3 亿美元，占 4.4%；房地产业 30.5 亿美元，占 3.9%；建筑业 20.8 亿美元，占 2.7%；信息传输/软件和信息技术服务业 16.9 亿美元，占 2.2%；住宿和餐饮业占 1.2%；交通运输/仓储和邮政业占 0.9%。

表 20　2021 年中国对美国直接投资的主要行业

单位：万美元

行业	流量金额	比重（%）	存量金额	比重（%）
制造业	178 404	32.0	2 324 454	30.1
金融业	367 267	65.8	1 495 439	19.4
租赁和商务服务业	4 458	0.8	848 179	11.0
批发和零售业	106 001	19.0	722 039	9.4
采矿业	6 321	1.1	597 361	7.7
科学研究和技术服务业	59 037	10.6	349 910	4.5
文化/体育和娱乐业	7 560	1.4	343 173	4.4
房地产业	−10 985	−2.0	304 725	3.9
建筑业	2 567	0.5	208 185	2.7
信息传输/软件和信息技术服务业	−182 895	−32.8	169 403	2.2
住宿和餐饮业	−2 039	−0.4	91 059	1.2
交通运输/仓储和邮政业	5 482	1.0	73 159	0.9
电力/热力/燃气及水的生产和供应业	1 843	0.3	50 316	0.7
农/林/牧/渔业	7 472	1.3	45 058	0.6
居民服务/修理和其他服务业	2 139	0.4	42 736	0.6
其他行业	5 801	1.0	52 039	0.7
合计	558 433	100.0	7 717 235	100.0

（五）中国对澳大利亚的投资

2021 年，中国对澳大利亚的投资流量为 19.2 亿美元，比上年增长 60.3%，占流量总额的 1.1%，占对大洋洲投资流量的超九成。从行业分布情况看，投资主要流向：制造业 8 亿美元，占 41.4%；租赁和商务服务业 6.4 亿美元，占 33.4%；采矿业 5.5 亿美元，占 28.4%；批发和零售业 1 亿美元，占 5.3%；交通运输/仓储和邮政业 0.7 亿美元，占 3.6%；房地产业占 2.8%。

2021 年末，中国对澳大利亚的投资存量为 344.3 亿美元，占中国对外直接投资存量的 1.2%，占对大洋洲投资存量的 85.7%；共在澳大利亚设立超 900 家境外企业，雇用外方员工超 3 万人。从存量的主要行业分布情况看，投向采矿业 159.1 亿美元，占 46.2%；租赁和商务服务业 50.7 亿美元，占 14.7%；金融业 32.7 亿美元，占 9.5%；制造业 31.4 亿美元，占 9.1%；房地产业 27.8 亿美元，占 8.1%；农/林/牧/渔业 9.9 亿美元，占 2.9%；批发和零售业 9.1 亿美元，占 2.6%。

表 21 2021 年中国对澳大利亚直接投资的主要行业

单位：万美元

行业	流量金额	比重（%）	存量金额	比重（%）
采矿业	54 609	28.4	1 590 826	46.2
租赁和商务服务业	64 274	33.4	506 515	14.7
金融业	-13 721	-7.1	326 642	9.5
制造业	79 506	41.4	314 402	9.1
房地产业	5 419	2.8	278 110	8.1
农/林/牧/渔业	1 854	1.0	98 612	2.9
批发和零售业	10 171	5.3	90 725	2.6
建筑业	1 905	1.0	49 210	1.4
电力/热力/燃气及水的生产和供应业	477	0.2	40 776	1.2
交通运输/仓储和邮政业	7 001	3.6	38 383	1.1
卫生和社会工作	-19 196	-10.0	31 105	0.9
科学研究和技术服务业	2 873	1.5	25 856	0.8
住宿和餐饮业	-2 518	-1.3	24 243	0.7
其他行业	-400	-0.2	27 641	0.8
合计	192 254	100.0	3 443 047	100.0

四、中国对外直接投资者的构成

　　2021年末，中国对外直接投资者（以下简称境内投资者）超2.8万家，从其在中国市场监督管理部门登记注册情况看，私营企业占32.7%，是中国对外投资占比最大、最为活跃的群体；有限责任公司占29.1%，位列次席；股份有限公司占13.8%；国有企业占5.7%；外商投资企业占5.6%；港/澳/台商投资企业占4%；个体经营占2.3%；股份合作企业占1.1%；集体企业占0.4%；联营企业占0.2%；其他占5.1%。

图25　2021年末境内投资者按登记注册类型构成

表 22 2021年末中国境内投资者按登记注册类型分类情况

单位：家

工商登记注册类型	数量	比重（%）
私营企业	9 356	32.7
有限责任公司	8 309	29.1
股份有限公司	3 947	13.8
国有企业	1 640	5.7
外商投资企业	16 02	5.6
港/澳/台商投资企业	1 144	4.0
个体经营	648	2.3
股份合作企业	322	1.1
集体企业	108	0.4
联营企业	44	0.2
其他	1 477	5.1
合计	28 597	100.0

在境内投资者中，中央企业及单位168家，仅占0.6%。各省市区的地方企业投资者占99.4%。境内投资者数量前十位的省市区依次为：广东、上海、浙江、江苏、北京、山东、福建、辽宁、天津和四川，共占境内投资者总数的81.6%。广东省境内投资者数量最多，超7000家，占25.2%；其次为上海市，超过3500家，占12.4%；浙江省位列第三，超3000家，占10.8%。

从境内投资者的行业分布看，制造业是对外投资最为活跃的主体，占境内投资者的三成以上，主要分布在计算机/通信和其他电子设备制造业、专用设备制造业、通用设备制造业、医药制造业、电气机械和器材制造业、化学原料和化学制品制造业、金属制品业、纺织业、橡胶和塑料制品业、纺织服装/服饰业以及汽车制造业等；批发和零售业紧随其后，占23%。另外，租赁和商务服务业占13.7%；信息传输/软件和信息技术服务业占8.9%；科学研究和技术服务业占4.3%；农/林/牧/渔业占3.7%；建筑业占3.2%。

■ 制造业，31.6%　　　　　　　■ 批发和零售业，23.0%

■ 租赁和商务服务业，13.7%　　■ 信息传输/软件和信息技术服务业，8.9%

■ 科学研究和技术服务业，4.3%　■ 农/林/牧/渔业，3.7%

■ 建筑业，3.2%　　　　　　　　■ 交通运输/仓储和邮政业，2.4%

■ 房地产业，2.0%　　　　　　　■ 采矿业，1.7%

■ 居民服务/修理和其他服务业，1.7%　■ 文化/体育和娱乐业，1.3%

■ 住宿和餐饮业，0.8%　　　　　■ 电力/热力/燃气及水的生产和供应业，0.7%

■ 其他，1.0%

图 26　2021 年末境内投资者行业构成情况

表 23　2021 年末中国境内投资者行业构成情况

单位：家

行业	数量	比重（%）
制造业	9 036	31.6
批发和零售业	6 590	23.0
租赁和商务服务业	3 910	13.7
信息传输/软件和信息技术服务业	2 559	8.9
科学研究和技术服务业	1 216	4.3
农/林/牧/渔业	1 048	3.7
建筑业	904	3.2
交通运输/仓储和邮政业	691	2.4
房地产业	580	2.0
采矿业	496	1.7
居民服务/修理和其他服务业	472	1.7
文化/体育和娱乐业	376	1.3
住宿和餐饮业	222	0.8
电力/热力/燃气及水的生产和供应业	205	0.7
其他	292	1.0
合计	28 597	100.0

五、中国对外直接投资企业的构成

（一）国家（地区）分布

2021年末，中国境内投资者共在全球190个国家（地区）设立对外直接投资企业（简称境外企业）4.6万家，较上年末增加近1000家，遍布全球超过80%的国家（地区）。其中，亚洲的境外企业覆盖率为95.7%，欧洲为87.8%，非洲为86.7%，北美洲为75%，拉丁美洲为67.3%，大洋洲为58.3%。

表24 2021年末中国境外企业各洲分布情况

单位：家

洲别	2021年末国家（地区）总数	境外企业覆盖的国家（地区）数量	覆盖率（%）
亚　　洲	48	45	95.7
欧　　洲	49	43	87.8
非　　洲	60	52	86.7
北 美 洲	4	3	75.0
拉丁美洲	49	33	67.3
大 洋 洲	24	14	58.3
合　　计	234	190	81.5

注：1. 覆盖率为中国境外企业覆盖国家（地区）数量与国家（地区）总数的比率。

2. 亚洲国家（地区）数量包括中国，覆盖率计算基数未包括。

从境外企业的国家（地区）分布情况看，中国在亚洲设立的境外企业数量近2.7万家，占59.2%，主要分布在中国香港、新加坡、日本、越南、印度尼西亚、马来西亚、韩国、泰国、柬埔寨、老挝、印度、缅甸、阿拉伯联合酋长国等。在中国香港地区设立的境外企业近1.5万家，占中国境外企业总数的超三成，是中国设立境外企业数量最多、投资最活跃的地区。

在北美洲设立的境外企业近6000家，占12.9%，主要分布在美国和加拿大。中国企业在美国设立的境外企业数量仅次于中国香港。

图 27　2021 年末中国境外企业在各洲覆盖比率

在欧洲设立的境外企业超过 4500 家，占 10%，主要分布在德国、俄罗斯联邦、英国、荷兰、法国、意大利、卢森堡、西班牙等。

在拉丁美洲设立的境外企业近 3500 家，占 7.6%，主要分布在英属维尔京群岛、开曼群岛、巴西、墨西哥、秘鲁、智利、厄瓜多尔、阿根廷、玻利维亚等。

在非洲设立的境外企业超过 3400 家，占 7.5%，主要分布在埃塞俄比亚、赞比亚、尼日利亚、肯尼亚、坦桑尼亚、南非、加纳、安哥拉、乌干达等。

在大洋洲设立的境外企业近 1300 家，占 2.8%，主要分布在澳大利亚、新西兰、巴布亚新几内亚、萨摩亚、斐济等。

表 25　2021 年末中国境外企业各洲构成情况

单位：家

洲别	境外企业数量	比重（%）
亚　　洲	26 963	59.2
北 美 洲	5 888	12.9
欧　　洲	4 567	10.0
拉丁美洲	3 478	7.6
非　　洲	3 409	7.5
大 洋 洲	1 260	2.8
合　　计	**45 565**	**100.0**

2021 年末，中国设立境外企业数量前二十位的国家（地区）依次为：中国香港、美国、新加坡、英属维尔京群岛、开曼群岛、德国、日本、越南、俄罗斯联邦、澳大利亚、印度尼西亚、马来西亚、韩国、泰国、加拿大、柬埔寨、老挝、英国、印度、缅甸，合计近 3.5 万家，占中国在境外设立企业总数的 76.2%。

图 28   2021 年末中国境外企业各洲分布情况

（二）行业分布

从中国境外企业分布的主要行业情况看，批发和零售业、制造业、租赁和商务服务业依然是境外企业最为集中的行业，合计数量超过 2.7 万家，占境外企业总数的 59.2%。其中批发和零售业超 1.2 万家，占中国境外企业总数的 27.1%；制造业 8600 余家，占 18.9%；租赁和商务服务业超过 6000 家，占 13.2%。此外，建筑业占 8.6%，信息传输/软件和信息技术服务业占 7.1%，科学研究和技术服务业占 5.5%，农/林/牧/渔业占 3.8%，交通运输/仓储和邮政业占 3%，采矿业占 2.9%，居民服务/修理和其他服务业占 1.9%，电力/热力/燃气及水的生产和供应业占 1.8%，金融业占 1.7%。

表 26　2021 年末中国境外企业的行业分布情况

单位：家

行业	境外企业数量	比重（％）
批发和零售业	12 359	27.1
制造业	8 630	18.9
租赁和商务服务业	6 020	13.2
建筑业	3 905	8.6
信息传输/软件和信息技术服务业	3 225	7.1
科学研究和技术服务业	2 505	5.5
农/林/牧/渔业	1 739	3.8
交通运输/仓储和邮政业	1 365	3.0
采矿业	1 322	2.9
居民服务/修理和其他服务业	853	1.9
电力/热力/燃气及水的生产和供应业	800	1.8
金融业	752	1.7
房地产业	739	1.6
文化/体育和娱乐业	517	1.1
住宿和餐饮业	353	0.8
教育	217	0.5
水利/环境和公共设施管理业	151	0.3
卫生和社会工作	113	0.2
合计	45 565	100.0

（三）省市分布

2021 年末，境内投资者在境外设立非金融类企业 4.5 万家，从境外非金融类企业的隶属情况看，地方企业占 86.3%，中央企业和单位占 13.7%。广东、上海、浙江、江苏、北京、山东、福建、辽宁、天津、云南位列地方境外企业数量前十，合计占境外企业总数的 70.4%。广东是拥有境外企业数量最多的省份，占境外企业总数的 19.6%；其次为上海，占 10.4%；浙江位列第三，占 10.1%。

单位：家

图 29　2021 年末中国主要省市区设立境外企业数量

六、附表

附表 1　2013—2021 各年中国对外直接投资流量情况表（分国家/地区）

单位：万美元

国家（地区）	2013 年	2014 年	2015 年	2016 年	2017 年	2018 年	2019 年	2020 年	2021 年
合计	10 784 371	12 311 986	14 566 715	19 614 943	15 828 830	14 303 731	13 690 756	15 371 026	17 881 932
亚洲	7 560 426	8 498 802	10 837 087	13 026 769	11 003 986	10 550 488	11 084 094	11 234 365	12 810 205
阿富汗	−122	2 792	−326	221	543	−16	2 408	254	−255
阿拉伯联合酋长国	29 458	70 534	126 868	−39 138	66 123	108 101	120 741	155 195	89 414
阿曼	−74	1 516	1 095	462	1 273	5 191	−315	8 710	4 086
巴基斯坦	16 357	101 426	32 074	63 294	67 819	−19 873	56 216	94 766	72 739
巴勒斯坦	2	—		20					
巴林	−534	—	—	3 646	3 696	−235	−34	19	6 111
朝鲜	8 620	5 194	4 121	2 844	129	28	—	—	—
东帝汶	160	973	3 381	5 533	1 952	−1 032	−1 630	3 631	577
菲律宾	5 440	22 495	−2 759	3 221	10 884	5 882	−429	13 043	15 286
哈萨克斯坦	81 149	−4 007	−251 027	48 770	207 047	11 835	78 649	−11 529	82 224
韩国	26 875	54 887	132 455	114 837	66 080	103 366	56 180	13 914	47 804
吉尔吉斯斯坦	20 339	10 783	15 155	15 874	12 370	10 016	21 566	25 246	7 643
柬埔寨	49 933	43 827	41 968	62 567	74 424	77 834	74 625	95 642	46 675
卡塔尔	8 747	3 579	14 085	9 613	−2 663	−36 810	2 932	9 467	11 682
科威特	−59	16 191	14 444	5 055	17 508	19 208	−10 052	12 221	3 788
老挝	78 148	102 690	51 721	32 758	121 995	124 179	114 908	145 430	128 232
黎巴嫩	68	9	—	—	—	—	—	—	—
马尔代夫	155	72	—	3 341	3 195	−155	694	−2 142	2 309
马来西亚	61 638	52 134	48 891	182 996	172 214	166 270	110 954	137 441	133 625
蒙古国	38 879	50 261	−2 319	7 912	−2 789	−45 713	12 806	832	2 468
孟加拉国	4 137	2 502	3 119	4 080	9 903	54 365	37 549	45 060	24 071
缅甸	47 533	34 313	33 172	28 769	42 818	−19 724	−4 194	25 080	1 846
尼泊尔	3 697	4 504	7 888	−4 882	755	5 122	20 678	5 226	4 996
日本	43 405	39 445	24 042	34 401	44 405	46 841	67 378	48 683	76 214

附表 1　续 1

单位：万美元

国家（地区）	2013 年	2014 年	2015 年	2016 年	2017 年	2018 年	2019 年	2020 年	2021 年
塞浦路斯	7 634	—	176	525	60 341	11 390	8 242	9 466	3 228
沙特阿拉伯	47 882	18 430	40 479	2 390	−34 518	38 307	65 437	39 026	51 429
斯里兰卡	7 177	8 511	1 747	−6 023	−2 527	783	9 280	9 817	16 611
塔吉克斯坦	7 233	10 720	21 931	27 241	9 501	38 824	6 961	−26 402	23 743
泰国	75 519	83 946	40 724	112 169	105 759	73 729	137 191	188 288	148 601
土耳其	17 855	10 497	62 831	−9 612	19 091	35 282	2 883	39 126	22 544
土库曼斯坦	−3 243	19 515	−31 457	−2 376	4 672	−3 830	−9 315	21 104	−1 760
文莱	852	−328	392	14 210	7 136	−1 509	−405	1 658	375
乌兹别克斯坦	4 417	18 059	12 789	17 887	−7 575	9 901	−44 583	−3 677	36 903
新加坡	203 267	281 363	1 045 248	317 186	631 990	641 126	482 567	592 335	840 504
叙利亚	−805	955	−356	−69	53	−1	1 270	49	−12
也门	33 125	596	−10 216	−41 315	2 725	1 045	−7 881	−292	−1 158
伊拉克	2 002	8 286	1 231	−5 287	−881	773	88 709	41 458	17 818
伊朗	74 527	59 286	−54 966	39 037	−36 829	−56 733	−5 917	33 639	24 212
以色列	189	5 258	22 974	184 130	14 737	41 057	19 168	26 710	−47 014
印度	14 857	31 718	70 525	9 293	28 998	20 620	53 460	20 519	27 946
印度尼西亚	156 338	127 198	145 057	146 088	168 225	186 482	222 308	219 835	437 251
约旦	77	674	158	613	1 516	8 562	3 093	−11 951	−2 022
越南	48 050	33 289	56 017	127 904	76 440	115 083	164 852	187 575	220 762
中国澳门	39 477	59 610	108 065	82 150	−102 447	81 067	59 445	82 684	88 192
中国台湾	17 667	18 370	26 712	1 175	22 621	6 933	10 693	22 622	21 186
中国香港	6 282 378	7 086 730	8 978 978	11 423 259	9 115 278	8 686 917	9 055 008	8 914 586	10 119 088
非洲	**337 064**	**320 193**	**297 792**	**239 873**	**410 500**	**538 911**	**270 442**	**422 560**	**498 664**
阿尔及利亚	19 130	66 571	21 057	−9 989	−14 053	17 865	−12 362	1 864	18 471
埃及	2 322	16 287	8 081	11 983	9 276	22 197	1 096	2 743	19 571
埃塞俄比亚	10 246	11 959	17 529	28 214	18 108	34 125	37 530	31 080	−9 039
安哥拉	22 405	−44 857	5 774	16 449	63 755	27 034	38 324	12 536	12 349
贝宁	844	744	1 476	997	133	480	−1 979	1 064	3 251
博茨瓦纳	1 019	5 295	8 608	10 620	−2 220	−486	682	2 655	−1 401
布基纳法索	434	445	—	20	—	—	126	35	528
布隆迪	109	345	206	239	−58	406	−190	622	861
赤道几内亚	2 241	3 313	−1 304	−2 491	7 111	380	−4 460	−4 912	22
多哥	2 359	699	−173	238	1 143	−659	828	911	−490
厄立特里亚	90	129	991	6 842	−13	614	−57	4 461	3 773

附表 1 续 2

单位：万美元

国家（地区）	2013 年	2014 年	2015 年	2016 年	2017 年	2018 年	2019 年	2020 年	2021 年
佛得角	13	10	—	5	—	—	124	48	−41
冈比亚	—	5	—	228	232	1 443	−451	279	47
刚果（布）	10 994	23 860	15 008	4 913	28 417	−29 264	9 459	24 749	16 611
刚果（金）	12 127	15 756	21 371	−7 892	34 024	64 301	93 096	61 151	104 575
吉布提	200	953	2 033	6 224	10 464	−8 106	2 664	−216	855
几内亚	10 013	6 770	−2 572	3 667	28 656	20 317	5 304	−29 512	48 717
几内亚（比绍）	—	172	224	61	623	257	—	−244	8
加纳	12 251	7 290	28 322	49 061	4 420	12 425	2 941	−671	12 775
加蓬	3 210	2 556	4 879	3 243	5 542	−6 954	1 666	778	−1 819
津巴布韦	51 753	10 118	4 675	4 295	−10 788	5 383	8 113	7 625	10 310
喀麦隆	5 720	2 974	2 467	11 423	8 799	14 179	−3 369	4 471	−2 344
科摩罗	—	—	—	—	—	93	13	−5	−16
科特迪瓦	−479	2 426	6 024	5 653	11 269	16 368	8 526	7 886	6 417
肯尼亚	23 054	27 839	28 181	2 967	41 010	23 204	1 037	62 962	34 822
莱索托	—	46	8	—	—	—	—	1 165	1 045
利比里亚	3 034	4 011	9 818	1 114	3 982	1 435	1 120	3 346	678
利比亚	45	13	−4 106	−1 705	−17 640	2 823	−12 934	7 289	−1 322
卢旺达	−594	1 494	406	−919	988	4 542	1 701	−655	3 614
马达加斯加	1 551	3 676	3 384	−655	7 120	5 560	−16	13 598	−962
马拉维	825	340	5	240	4 307	146	−10 058	902	1 495
马里	10 801	2 339	−3 401	1 295	1 434	−8 404	1 849	1 804	1 622
毛里求斯	6 107	4 943	15 477	7 233	3 327	17 821	18 589	4 577	23 856
毛里塔尼亚	1 527	−733	216	10 879	3 807	2 323	−746	5 320	−1 229
摩洛哥	774	1 144	2 603	1 016	5 986	9 078	−9 516	12 814	3 322
莫桑比克	13 189	10 251	6 843	4 425	11 747	54 563	−4 670	4 328	−403
纳米比亚	705	802	1 785	2 168	2 009	−2 482	−110	171	807
南非	−8 919	4 209	23 317	84 322	31 736	64 206	33 891	40 043	36 359
南苏丹	1 149	−682	1 308	203	1 221	−1 312	549	268	856
尼日尔	11 654	−4 461	2 369	−2 356	5 084	11 544	17 836	23 514	28 252
尼日利亚	20 913	19 977	5 058	10 850	13 795	19 470	12 327	30 894	20 167
塞拉利昂	4 003	492	807	−180	1 627	394	76	−832	1 232
塞内加尔	1 044	706	−794	1 985	6 541	8 393	−8 488	21 340	1 177
塞舌尔	1 769	756	4 958	5 041	2 705	22 798	198	8 755	11 281
圣多美和普林西比	—	—	—	—	—	—	6	155	—

附表1　续3

单位：万美元

国家（地区）	2013 年	2014 年	2015 年	2016 年	2017 年	2018 年	2019 年	2020 年	2021 年
苏丹	14 091	17 407	3 171	−68 994	25 487	5 712	−7 078	283	9 429
坦桑尼亚	15 064	16 661	22 632	9 457	13 246	17 747	11 558	10 757	10 174
突尼斯	706	71	564	−322	−82	596	1 996	−692	652
乌干达	6 060	6 050	20 534	12 151	7 904	22 580	14 322	9 778	210
赞比亚	29 286	42 485	9 655	21 841	30 580	52 373	14 339	21 426	58 280
乍得	12 095	8 312	−1 712	−6 226	−2 305	6 777	4 981	9 839	9 350
中非	130	18 224	30	40	42	4 632	56	14	−90
欧洲	594 853	1 083 791	711 843	1 069 323	1 846 319	658 839	1 051 992	1 269 565	1 087 480
阿尔巴尼亚	56	—	—	1	21	172	69	10	—
阿塞拜疆	−443	1 683	136	−2 466	−20	−105	86	1 728	−64
爱尔兰	11 702	3 711	1 430	33 193	24 134	7 516	6 428	6 760	22 558
爱沙尼亚	—	—	—	12	5 322	202	—	—	
奥地利	15	4 371	10 432	19 172	41 219	13 814	3 239	7 481	19 539
白俄罗斯	2 718	6 372	5 421	16 094	14 272	6 773	18 175	−815	4 241
保加利亚	2 069	2 042	5 916	−1 503	8 887	−168	246	57	25
北马其顿	—	—	−1	—	—	183	−1 338	−400	272
比利时	2 578	15 328	2 346	2 835	3 034	563	5 985	7 603	11 160
冰岛						73			
波黑	—	—	162	85	—	—	1 219	858	482
波兰	1 834	4 417	2 510	−2 411	−433	11 783	11 160	14 256	2 941
丹麦	2 739	5 723	−2 416	12 573	1 521	3 048	6 026	6 322	1 578
德国	91 081	143 892	40 963	238 058	271 585	146 799	145 901	137 560	271 113
俄罗斯联邦	102 225	63 356	296 086	129 307	154 842	72 524	−37 923	57 032	−107 230
法国	26 044	40 554	32 788	149 957	95 215	−7 502	8 722	14 779	−15 167
芬兰	852	1 042	3 868	3 667	2 347	14 104	3 404	4 066	6 518
格鲁吉亚	10 962	22 435	4 398	2 077	3 846	8 023	5 690	4 136	7 654
荷兰	23 842	102 997	1 346 284	116 972	−22 312	103 834	389 317	493 833	170 393
黑山	—	—	—	—	1 665	1 272	2 266	6 725	5 909
捷克	1 784	246	−1 741	185	7 295	11 302	6 053	5 279	−2 539
克罗地亚	—	355	—	22	3 184	2 239	2 869	15 446	1 515
拉脱维亚	—	—	45	—	8	1 068	—	564	482
立陶宛	551	—	—	225	—	−447	—	33	20
列支敦士登	—	363	64	370	—	—	—	2 726	163
卢森堡	127 521	457 837	−1 145 317	160 188	135 340	248 733	68 587	70 095	149 932

附表 1 续 4

单位：万美元

国家（地区）	2013 年	2014 年	2015 年	2016 年	2017 年	2018 年	2019 年	2020 年	2021 年
罗马尼亚	217	4 225	6 332	1 588	1 586	157	8 411	1 310	513
马耳他	12	193	503	15 480	167	1 011	−118	89	282
摩尔多瓦	—	—	—	—	—	—	—	—	30
挪威	19 629	5 860	−167 589	−85 123	−54 921	−4 168	−74 444	−18 719	79
葡萄牙	1 494	387	1 072	1 137	104	1 171	1 855	118	275
瑞典	17 082	13 001	31 719	12 768	129 026	106 395	191 571	192 999	128 077
瑞士	12 826	3 364	24 677	6 806	751 418	−321 206	67 825	107 455	182 084
塞尔维亚	1 150	1 169	763	3 079	7 921	15 341	3 360	13 931	20 576
斯洛伐克	33	4 566	—	—	68	1 462	−53	20	33
斯洛文尼亚	—	—	—	2 186	39	1 328	2 684	−13 294	304
乌克兰	1 014	472	−76	192	475	2 745	5 332	2 106	−47
西班牙	−14 575	9 235	14 967	12 541	5 879	53 768	11 491	10 295	7 917
希腊	190	—	−137	2 939	2 857	6 030	57	717	656
匈牙利	2 567	3 402	2 320	5 746	6 559	9 495	12 315	−415	5 353
亚美尼亚					395	1 964	—	153	698
意大利	3 126	11 302	9 101	63 344	42 454	29 761	64 979	24 446	−1 202
英国	141 958	149 890	184 816	148 039	206 630	102 664	110 345	92 222	190 355
拉丁美洲	1 435 895	1 054 739	1 261 036	2 722 705	1 407 659	1 460 847	639 407	1 665 651	2 615 851
阿根廷	22 141	26 992	20 832	18 152	21 479	14 113	35 355	40 124	29 568
安提瓜和巴布达	—	—	—	40	—	36	—	—	—
巴巴多斯	92	−167	−28	1 441	1 610	256	−813	−6	22 371
巴哈马	—	—	—	658	24	280	−132	—	−17
巴拉圭	18	—	—	—	—	84	−84	68	—
巴拿马	18 768	481	2 382	3 738	5 774	12 724	331	11 788	23 988
巴西	31 093	73 000	−6 328	12 477	42 627	42 772	85 993	31 264	14 645
玻利维亚	1 440	2 453	3 432	5 538	−2 628	3 755	5 186	3 619	2 640
伯利兹	35	35	—	—	—	—	—	—	—
多米尼加	—	—	—	—	—	—	21	305	−195
多米尼克	30	—	—	—	—	—	—	—	—
厄瓜多尔	47 060	13 781	11 811	7 789	−13 110	3 268	−6 120	−211	6 137
哥伦比亚	1 793	18 310	370	−284	1 372	−8 101	1 919	85	−14 264
哥斯达黎加	117	−19	384	136	1 024	1 521	679	2 849	−60
格林纳达	—	—	—	10	11	57	303	—	182
古巴	−2 437	−2 222	4 243	974	−650	3 323	−1 152	1 137	4 395
圭亚那	3 500	408	−389	651	2 251	2 859	−444	6 364	−1 038

附表 1 续 5

单位：万美元

国家（地区）	2013 年	2014 年	2015 年	2016 年	2017 年	2018 年	2019 年	2020 年	2021 年
洪都拉斯	—	—	—	2 771	—	4 906	483	-1 092	299
开曼群岛	925 340	419 172	1 021 303	1 352 283	-660 596	547 312	-435 668	856 222	1 075 356
秘鲁	11 460	4 507	-17 776	6 737	9 826	8 481	35 200	32 170	45 446
墨西哥	4 973	14 057	-628	21 184	17 133	37 845	16 356	26 456	23 183
尼加拉瓜	217	101	55	101	1	13	293	-23	24
圣卢西亚	—	—	15	75	329	—	-58	—	—
圣文森特和格林纳丁斯	—	332	303	-253	337	122	—	—	-34
苏里南	2 900	-1 690	2 009	343	5 253	-173	4 058	-121	-178
特立尼达和多巴哥	23	3 625	915	210	1 240	1 517	2 336	-1 047	471
危地马拉	—	63	—	—	—	—	-4	469	—
委内瑞拉	42 556	11 608	28 830	-9 986	27 448	32 807	-22 376	-44 600	-24 112
乌拉圭	967	108	3 615	4 927	-1 422	3 573	189	324	1 872
牙买加	474	11 132	—	41 864	8 246	15 621	-11 247	-278	-916
英属安圭拉	—	—	100	584	—	90	-28	—	—
英属维尔京群岛	322 156	457 043	184 900	1 228 849	1 930 117	714 978	868 257	697 562	1 397 101
智利	1 179	1 629	685	21 696	9 963	16 806	60 572	2 226	8 988
北美洲	**490 101**	**920 766**	**1 071 848**	**2 035 096**	**649 827**	**872 383**	**436 713**	**634 312**	**658 090**
百慕大群岛	1 893	70 769	112 698	49 865	-24 805	-31 683	8 756	11 443	6 638
加拿大	100 865	90 384	156 283	287 150	32 083	156 350	47 288	21 002	93 017
美国	387 343	759 613	802 867	1 698 081	642 549	747 717	380 668	601 867	558 435
大洋洲	**366 032**	**433 695**	**387 109**	**521 177**	**510 539**	**222 263**	**208 108**	**144 573**	**211 642**
澳大利亚	345 798	404 911	340 131	418 688	424 196	198 597	208 667	119 859	192 254
巴布亚新几内亚	4 302	3 037	4 177	-4 368	10 161	-7 904	-6 468	-15 370	-18 188
斐济	5 832	-3 716	1 240	4 461	1 706	1 623	1 746	2 280	3 716
基里巴斯	—	—	—	—	—	—	1 542	1 805	2 906
库克群岛	17	-27	—	—	—	—	—	—	—
马绍尔群岛	-1 210	—	-5 682	260	798	1 210	1 684	3 849	1 956
密克罗尼西亚	46	339	355	—	-1 474	—	63	-68	62
瑙鲁	—	—	—	—	—	—	—	36	1 300
帕劳	—	51	150	50	8	29	21	—	—
萨摩亚	-7 793	3 484	9 586	10 924	12 840	1 236	-530	-13 473	3 243
所罗门群岛	—	—	—	—	—	—	10	226	-347
汤加	—	10	98	35	112	5	21	71	1 752
瓦努阿图	—	604	2 245	542	2 532	1 721	212	66	528
新西兰	19 040	25 002	34 809	90 585	59 661	25 746	1 140	45 292	22 461

附表 2　2013—2021 各年末中国对外直接投资存量情况（分国家/地区）

单位：万美元

国家（地区）	2013 年	2014 年	2015 年	2016 年	2017 年	2018 年	2019 年	2020 年	2021 年
合计	66 047 840	88 264 242	109 786 459	135 739 045	180 903 652	198 226 585	219 888 069	258 065 844	278 514 971
亚洲	44 740 828	60 096 561	76 890 132	90 944 547	113 932 379	127 613 437	146 022 156	164 489 400	177 201 520
阿富汗	48 742	51 849	41 993	44 050	40 364	40 444	41 894	43 284	43 500
阿拉伯联合酋长国	151 457	233 345	460 284	488 830	537 283	643 606	763 567	928 324	984 494
阿曼	17 473	18 972	20 077	8 663	9 904	15 068	11 634	23 698	28 530
巴基斯坦*	234 309	373 682	403 593	475 911	571 584	424 682	479 798	621 894	748 538
巴勒斯坦	4	4	4	23	4	4	—	—	—
巴林	146	376	387	3 736	7 437	7 196	7 074	7 094	13 469
朝鲜	58 551	61 157	62 500	67 915	60 653	56 601	46 228	47 955	45 204
东帝汶*	905	1 578	10 028	14 794	17 417	16 668	8 085	12 918	10 140
菲律宾	69 238	75 994	71 105	71 893	81 960	83 002	66 409	76 713	88 390
哈萨克斯坦*	695 669	754 107	509 546	543 227	756 145	734 108	725 413	586 937	748 743
韩国*	196 308	277 157	369 804	423 724	598 347	671 011	667 340	705 473	660 150
吉尔吉斯斯坦*	88 582	98 419	107 059	123 782	129 938	139 308	155 003	176 733	153 142
柬埔寨*	284 857	322 228	367 586	436 858	544 873	597 368	646 370	703 852	696 559
卡塔尔	25 402	35 387	44 993	102 565	110 549	43 598	45 892	61 851	78 946
科威特	8 939	34 591	54 362	57 810	93 623	109 184	83 451	84 923	85 356
老挝*	277 092	449 099	484 171	550 014	665 495	830 976	824 959	1 020 142	993 974
黎巴嫩*	369	378	378	301	201	222	222	222	44
马尔代夫	165	237	237	3 578	6 743	7 477	8 247	4 398	7 204
马来西亚*	166 818	178 563	223 137	363 396	491 470	838 724	792 369	1 021 184	1 035 515
蒙古国*	335 396	376 246	376 006	383 859	362 280	336 507	343 054	323 610	156 952
孟加拉国	15 868	16 024	18 843	22 517	32 907	87 023	124 830	171 058	220 448
缅甸	356 968	392 557	425 873	462 042	552 453	468 006	413 445	380 904	398 821
尼泊尔	7 531	13 834	29 193	24 705	22 762	37 919	53 866	43 470	46 335
日本	189 824	254 703	303 820	318 401	319 734	349 052	409 805	419 672	488 287
塞浦路斯*	17 126	10 717	10 915	11 005	71 869	84 543	106 147	20 274	13 124
沙特阿拉伯	174 706	198 743	243 439	260 729	203 827	259 456	252 773	293 091	352 419
斯里兰卡	29 265	36 391	77 251	72 891	72 835	46 893	55 147	52 342	63 976
塔吉克斯坦	59 941	72 896	90 909	116 703	161 609	194 483	194 608	156 801	162 722
泰国	247 243	307 947	344 012	453 348	535 847	594 670	718 585	882 555	991 721
土耳其*	64 231	88 181	132 884	106 138	130 135	173 368	186 786	215 187	192 136

附表 2　续 1

单位：万美元

国家（地区）	2013 年	2014 年	2015 年	2016 年	2017 年	2018 年	2019 年	2020 年	2021 年
土库曼斯坦	25 323	44 760	13 304	24 908	34 272	31 193	22 656	33 647	29 417
文莱*	7 212	6 955	7 352	20 377	22 067	22 045	42 696	38 812	9 628
乌兹别克斯坦*	19 782	39 209	88 204	105 771	94 607	368 988	324 621	326 464	280 772
新加坡*	1 475 070	2 063 995	3 198 491	3 344 564	4 456 809	5 009 383	5 263 656	5 985 785	6 720 228
叙利亚	641	1 455	1 100	1 031	1 031	87	1 357	1 406	1 392
也门	54 911	55 507	45 330	3 921	61 255	62 300	54 419	54 127	52 969
伊拉克	31 706	37 584	38 812	55 781	41 437	59 854	137 752	173 789	194 183
伊朗	285 120	348 415	294 919	333 081	362 350	323 429	305 562	352 724	341 997
以色列	3 405	8 665	31 718	422 988	414 869	461 998	377 502	386 913	344 770
印度	244 698	340 721	377 047	310 751	474 733	466 280	361 009	318 331	351 889
印度尼西亚*	465 665	679 350	812 514	954 554	1 053 880	1 281 128	1 513 255	1 793 883	2 008 048
约旦	2 343	3 098	3 255	3 949	6 440	14 198	31 173	20 372	18 359
越南	216 672	286 565	337 356	498 363	496 536	560 543	707 371	857 456	1 085 211
中国澳门	340 914	393 074	573 912	678 339	968 029	886 578	985 168	1 053 234	1 123 624
中国台湾	34 927	59 862	96 905	98 272	127 247	135 157	125 440	152 809	164 433
中国香港*	37 709 314	50 991 983	65 685 524	78 074 489	98 126 568	110 039 108	127 535 518	143 853 092	154 965 764
非洲	**2 618 577**	**3 235 006**	**3 469 440**	**3 987 747**	**4 329 650**	**4 610 353**	**4 439 022**	**4 339 920**	**4 418 621**
阿尔及利亚	149 721	245 157	253 155	255 248	183 366	206 286	177 535	164 352	171 602
埃及	51 113	65 711	66 315	88 891	83 484	107 926	108 580	119 172	127 344
埃塞俄比亚	77 184	91 462	113 013	200 065	197 556	256 816	255 887	299 280	281 090
安哥拉	163 474	121 404	126 829	163 321	226 016	229 919	289 073	269 009	271 009
贝宁*	4 991	6 917	8 731	10 251	10 437	10 399	9 144	7 546	8 471
博茨瓦纳	23 090	26 213	32 108	43 750	29 687	25 816	18 628	19 043	15 352
布基纳法索	434	878	—	20	20	20	149	171	705
布隆迪	979	1 324	1 237	1 242	1 029	1 252	820	1 052	1 691
赤道几内亚	26 085	20 820	23 163	23 659	39 597	55 285	40 413	33 601	28 065
多哥	12 309	13 581	12 882	11 857	11 285	10 207	10 116	9 945	6 728
厄立特里亚	10 455	10 671	11 941	37 845	21 655	22 394	22 329	19 986	20 817
佛得角	1 523	1 518	1 518	1 523	1 463	1 463	234	282	131
冈比亚	119	124	124	384	536	2 479	1 390	1 903	1 938
刚果（布）*	69 543	98 876	108 867	78 291	112 606	79 510	60 984	113 088	96 709
刚果（金）*	109 176	216 867	323 935	351 498	388 411	444 446	559 660	368 813	425 936
吉布提*	3 055	4 008	6 046	12 540	23 286	17 849	12 526	9 883	8 243
几内亚	33 858	41 907	38 272	41 774	67 545	74 244	76 326	47 282	95 933

附表 2　续 2

单位：万美元

国家（地区）	2013 年	2014 年	2015 年	2016 年	2017 年	2018 年	2019 年	2020 年	2021 年
几内亚（比绍）	2 700	6 682	6 906	7 016	7 639	6 521	2 671	2 427	2 425
加纳*	83 484	105 669	127 449	195 827	157 536	179 747	183 129	158 403	109 354
加蓬	16 848	18 041	24 442	25 683	38 535	25 866	25 221	25 919	21 831
津巴布韦	152 083	169 558	179 892	183 900	174 834	176 625	177 148	179 580	170 751
喀麦隆	14 840	17 784	20 734	36 674	42 436	49 921	30 390	44 274	43 355
科摩罗	454	454	453	453	453	545	183	118	104
科特迪瓦	3 500	6 429	12 678	17 966	30 368	44 154	56 434	66 685	79 319
肯尼亚	63 590	85 371	109 904	110 270	154 345	175 588	162 423	215 430	225 981
莱索托*	913	1 107	1 115	663	653	653	593	1 758	1 451
利比里亚	19 610	22 965	28 899	29 730	31 963	26 039	16 765	16 888	16 278
利比亚	10 882	10 894	10 577	21 112	36 675	42 568	29 943	15 537	13 879
卢旺达	7 333	11 072	12 357	8 936	9 925	14 682	16 751	17 080	20 310
马达加斯加	28 610	35 261	34 770	29 763	76 630	80 335	27 291	39 074	32 287
马拉维	25 382	25 762	25 815	25 905	29 112	29 210	16 145	17 316	17 672
马里*	31 667	34 286	30 733	32 001	39 486	30 147	30 500	30 821	43 861
毛里求斯	84 959	57 971	109 658	117 620	96 087	99 766	129 168	88 671	105 882
毛里塔尼亚	10 828	10 095	10 583	19 336	23 585	23 261	18 140	18 295	14 277
摩洛哥	10 296	11 444	15 629	16 270	31 821	38 229	30 329	38 347	34 920
莫桑比克	50 809	65 386	72 452	78 226	87 291	141 017	114 675	131 749	126 360
纳米比亚*	34 945	98 184	38 044	45 357	48 047	42 615	36 359	35 489	22 051
南非*	440 040	595 402	472 297	650 084	747 277	653 168	614 657	541 722	529 417
南苏丹*	2 647	1 926	3 598	3 703	4 768	3 569	2 688	2 560	8 072
尼日尔	24 187	19 808	56 544	52 530	66 565	75 840	95 671	117 662	142 390
尼日利亚	214 607	232 301	237 676	254 168	286 153	245 349	219 400	236 754	269 579
塞拉利昂*	10 836	14 774	19 630	18 882	18 422	16 806	16 532	13 417	10 644
塞内加尔	8 325	13 001	12 602	14 959	21 430	31 465	23 424	42 676	43 885
塞舌尔	10 347	11 440	16 011	24 665	23 127	45 191	41 405	43 951	49 269
圣多美和普林西比*	38	38	38	38	38	38	44	199	69
苏丹	150 704	174 712	180 936	110 434	120 156	132 507	120 309	112 030	111 552
坦桑尼亚	71 646	88 518	113 887	119 199	128 030	130 275	133 554	154 100	157 707
突尼斯	1 386	1 456	2 084	1 630	1 508	2 153	3 662	2 909	3 347
乌干达	38 376	46 410	72 215	100 647	57 594	79 817	66 994	71 196	63 312
赞比亚*	216 432	227 199	233 802	268 716	296 344	352 302	286 379	305 500	302 957

附表 2　续 3

单位：万美元

国家（地区）	2013 年	2014 年	2015 年	2016 年	2017 年	2018 年	2019 年	2020 年	2021 年
乍得 *	32 126	40 461	42 272	39 664	41 225	59 259	64 852	65 481	61 132
中非	6 038	5 708	4 622	3 561	1 612	8 813	1 398	1 499	1 174
欧洲	**5 316 156**	**6 939 987**	**8 367 897**	**8 720 192**	**11 085 468**	**11 279 692**	**11 438 386**	**12 243 189**	**13 479 438**
阿尔巴尼亚 *	703	703	695	727	478	642	711	600	485
阿塞拜疆	3 834	5 521	6 370	2 842	2 799	918	780	2 506	2 103
爱尔兰	32 325	24 972	24 832	57 377	88 263	97 277	107 401	151 794	174 577
爱沙尼亚	350	350	350	350	362	5 684	6 333	532	532
奥地利	7 666	20 170	32 799	53 051	85 149	46 163	49 218	67 523	72 006
白俄罗斯	11 590	25 752	47 589	49 793	54 841	50 378	65 180	60 728	64 605
保加利亚	14 985	17 027	23 597	16 607	25 046	17 109	15 681	15 584	15 131
北马其顿	209	211	211	210	203	3 630	2 109	1 710	1 793
比利时 *	31 501	49 347	51 953	54 403	47 923	32 641	47 095	50 063	48 820
冰岛	—	—	110	110	1 400	1 473	1 473	1 473	1 473
波黑 *	613	613	775	860	434	434	1 670	2 286	2 122
波兰 *	25 704	32 935	35 211	32 132	40 552	52 373	55 559	68 231	53 576
丹麦 *	8 437	20 815	8 217	22 611	22 883	24 653	29 485	35 354	25 393
德国	397 938	578 550	588 176	784 175	1 216 320	1 368 861	1 423 399	1 454 958	1 669 749
俄罗斯联邦	758 161	869 463	1 401 963	1 297 951	1 387 160	1 420 822	1 280 397	1 207 089	1 064 411
法国	444 794	844 488	572 355	511 617	570 271	659 879	595 434	486 095	486 390
芬兰	4 255	5 899	9 507	21 170	21 307	32 754	34 038	30 662	45 296
格鲁吉亚	33 075	54 564	53 375	55 023	56 817	63 970	67 092	70 167	79 229
荷兰 *	319 309	419 408	2 006 713	2 058 774	1 852 900	1 942 899	2 385 482	2 604 129	2 848 751
黑山	32	32	32	443	3 945	6 286	8 509	15 308	20 601
捷克 *	20 468	24 269	22 431	22 777	16 490	27 923	28 749	119 843	52 682
克罗地亚	831	1 187	1 182	1 199	3 908	6 908	9 840	25 264	24 553
拉脱维亚	54	54	94	94	102	1 170	1 163	1 681	2 112
立陶宛 *	1 248	1 248	1 248	1 529	1 713	1 289	981	1 223	729
列支敦士登 *	391	1 240	1 304	1 674	1 616	434	434	3 516	2 654
卢森堡 *	1 042 376	1 566 677	773 988	877 660	1 393 615	1 538 870	1 390 221	1 599 545	1 813 068
罗马尼亚 *	14 513	19 137	36 480	39 150	31 007	30 462	42 827	31 316	22 011
马耳他 *	349	542	1 045	16 364	16 498	23 049	22 932	17 253	3 258
摩尔多瓦	387	387	211	387	387	387	387	387	417
挪威 *	477 171	522 350	347 129	264 197	208 345	199 770	124 693	104 258	2 718
葡萄牙 *	5 532	6 069	7 142	8 774	11 023	10 593	5 857	4 578	2 921
瑞典 *	273 771	301 292	338 196	355 368	730 742	689 681	857 869	1 060 149	1 703 204

附表2 续4

单位：万美元

国家（地区）	2013 年	2014 年	2015 年	2016 年	2017 年	2018 年	2019 年	2020 年	2021 年
瑞士 *	29 654	38 766	60 415	57 621	811 173	500 037	566 284	675 961	694 956
塞尔维亚	1 854	2 971	4 979	8 268	17 002	27 141	16 473	31 057	48 229
斯洛伐克 *	8 277	12 779	12 779	8 277	8 345	9 929	8 274	8 287	441
斯洛文尼亚	500	500	500	2 686	2 725	4 009	18 960	4 680	5 018
乌克兰 *	5 198	6 341	6 890	6 671	6 265	9 048	15 803	19 034	13 693
西班牙	31 571	42 453	60 801	73 647	69 263	106 014	111 057	110 950	113 652
希腊 *	11 979	12 085	11 948	4 808	18 222	24 247	23 102	12 629	13 295
匈牙利	53 235	55 635	57 111	31 370	32 786	32 069	42 736	34 187	38 232
亚美尼亚 *	751	751	751	751	2 996	4 961	1 289	1 225	2 702
意大利 *	60 775	71 969	93 197	155 484	190 379	214 535	257 017	284 781	341 316
英国	1 179 790	1 280 465	1 663 246	1 761 210	2 031 817	1 988 323	1 714 390	1 764 592	1 900 531
拉丁美洲	**8 609 593**	**10 611 114**	**12 631 893**	**20 715 257**	**38 689 230**	**40 677 193**	**43 604 697**	**62 981 025**	**69 374 017**
阿根廷	165 820	179 152	194 892	194 366	153 954	158 297	180 841	199 266	214 114
安提瓜和巴布达	630	630	630	670	670	580	544	383	383
巴巴多斯 *	497	330	289	8 772	11 730	20 073	5 911	5 915	35 460
巴哈马 *	60	60	60	16 060	16 063	16 469	16 202	16 212	154 651
巴拉圭 *	4 624	4 791	4 791	4 791	4 606	84	—	68	369
巴拿马	47 864	20 493	22 815	26 885	35 878	50 611	54 999	67 652	100 199
巴西 *	173 358	283 289	225 712	296 251	320 554	381 245	443 478	320 506	300 771
玻利维亚	11 892	13 217	31 746	37 068	41 349	35 150	47 227	28 796	30 751
伯利兹	35	70	70	70	—	—	—	—	44 792
多米尼加	100	101	101	101	1	1	25	330	135
多米尼克	845	315	315	315	315	315	315	315	315
厄瓜多尔 *	100 879	94 460	105 635	118 012	103 244	124 052	64 772	60 141	47 036
哥伦比亚 *	36 869	54 730	55 443	36 245	35 787	28 410	30 710	42 851	10 881
哥斯达黎加 *	326	398	782	820	2 602	4 267	3 501	6 590	3 575
格林纳达 *	1 454	2 367	2 367	2 377	2 507	2 389	2 712	2 712	2 262
古巴	11 134	6 255	12 062	13 150	11 500	14 911	11 800	13 986	18 018
圭亚那	22 518	24 757	25 601	25 668	11 069	19 886	19 344	25 734	26 557
洪都拉斯	—	—	—	2 771	116	5 022	1 562	469	666
开曼群岛 *	4 232 406	4 423 672	6 240 408	10 420 893	24 968 219	25 922 371	27 614 506	45 702 699	22 952 507
秘鲁	86 778	90 798	70 549	75 978	83 943	94 150	139 894	170 511	218 137
墨西哥	40 987	54 121	52 476	57 860	89 802	110 688	116 108	116 695	130 216
尼加拉瓜	217	318	367	467	314	327	617	592	616

附表 2　续 5

单位：万美元

国家（地区）	2013 年	2014 年	2015 年	2016 年	2017 年	2018 年	2019 年	2020 年	2021 年
萨尔瓦多	—	1	1	1	1	—	—	—	—
圣卢西亚	—	—	15	144	473	473	415	415	415
圣文森特和格林纳丁斯	3 620	3 900	4 204	3 952	4 288	4 374	4 321	4 029	3 994
苏里南*	11 193	9 393	11 352	12 508	16 439	9 940	13 269	9 208	3 775
特立尼达和多巴哥*	386	102 531	60 463	60 666	62 177	63 709	66 046	63 353	11 251
危地马拉*	—	99	99	112	74	74	10	478	1
委内瑞拉*	236 338	249 323	280 029	274 171	320 725	350 123	343 130	296 104	58 772
乌拉圭	2 593	21 081	18 273	22 559	19 868	27 120	22 937	18 513	21 787
牙买加	7 968	18 837	22 568	83 919	111 412	118 740	92 165	113 058	108 089
英属安圭拉	—	—	100	684	719	2 293	2 265	2 265	2 265
英属维尔京群岛*	3 390 298	4 932 041	5 167 214	8 876 589	12 206 075	13 049 678	14 187 884	15 564 495	44 747 734
智利	17 904	19 583	20 464	40 362	52 757	61 370	117 189	126 683	123 524
北美洲	2 860 974	4 795 149	5 217 926	7 547 246	8 690 597	9 634 833	10 022 553	10 001 633	10 022 580
百慕大群岛*	51 399	215 144	286 106	216 649	858 811	831 832	833 657	748 348	926 029
加拿大	619 619	778 908	851 625	1 272 599	1 093 686	1 252 272	1 409 147	1 248 513	1 379 315
美国*	2 189 956	3 801 097	4 080 195	6 057 998	6 738 100	7 550 729	7 779 750	8 004 771	7 717 236
大洋洲	1 901 712	2 586 425	3 209 171	3 824 056	4 176 327	4 411 078	4 361 255	4 010 677	4 018 796
澳大利亚*	1 744 968	2 388 226	2 837 385	3 335 056	3 617 531	3 837 868	3 806 838	3 443 936	3 443 047
巴布亚新几内亚	42 230	46 002	191 183	186 988	210 121	203 909	192 336	178 500	155 666
斐济*	20 841	11 998	9 792	14 850	15 670	17 402	19 547	18 252	14 322
基里巴斯	82	82	293	293	293	293	1 835	3 639	6 594
库克群岛	29	7	7	7	7	7	7	7	7
马绍尔群岛	11 687	11 687	6 005	6 541	6 068	7 605	9 682	16 486	18 007
密克罗尼西亚	823	1 162	1 517	3 466	1 954	1 549	1 506	1 348	1 323
瑙鲁*	—	—	—	—	—	—	10	46	3 500
帕劳	959	1 010	1 160	1 210	1 218	1 211	1 881	1 853	1 850
萨摩亚	18 808	22 308	30 691	54 685	62 755	68 374	68 381	45 030	49 289
所罗门群岛							10	686	338
汤加	711	721	819	844	956	892	1 001	1 193	2 941
瓦努阿图*	6 401	6 981	9 447	9 869	10 576	12 847	12 247	12 917	9 042
新西兰	54 173	96 241	120 872	210 247	249 180	259 120	245 973	286 784	312 871
大洋洲其他国家（地区）									

注：" * "表示该国家（地区）2021 年末存量数据中包含对以往历史数据进行调整。

附表3 2013—2021 各年中国对外直接投资流量行业分布情况

单位：万美元

行业分类	2013 年	2014 年	2015 年	2016 年	2017 年	2018 年	2019 年	2020 年	2021 年
A 农/林/牧/渔业	181 313	203 543	257 208	328 715	250 769	256 258	243 920	107 864	93 075
B 采矿业	2 480 779	1 654 939	1 125 261	193 020	−370 152	462 794	512 823	613 126	841 498
C 制造业	719 715	958 360	1 998 629	2 904 872	2 950 737	1 910 768	2 024 181	2 583 821	2 686 673
D 电力/热力/燃气及水的生产和供应业	68 043	176 463	213 507	353 599	234 401	470 246	386 872	577 031	438 908
E 建筑业	436 430	339 600	373 501	439 248	652 772	361 848	377 984	809 455	461 908
F 批发和零售业	1 464 682	1 829 071	1 921 785	2 089 417	2 631 102	1 223 791	1 947 108	2 299 764	2 815 201
G 交通运输/仓储和邮政业	330 723	417 472	272 682	167 881	546 792	516 057	387 962	623 320	1 222 621
H 住宿和餐饮业	8 216	24 474	72 319	162 549	−18 509	135 396	60 398	11 841	26 933
I 信息传输/软件和信息技术服务业	140 088	316 965	682 037	1 866 022	443 024	563 187	547 794	918 718	513 591
J 金融业	1 510 532	1 591 782	2 424 553	1 491 809	1 878 544	2 171 720	1 994 929	1 966 318	2 679 879
K 房地产业	395 251	660 457	778 656	1 524 674	679 506	306 600	341 839	518 603	409 785
L 租赁和商务服务业	2 705 617	3 683 060	3 625 788	6 578 157	5 427 321	5 077 813	4 187 508	3 872 562	4 935 732
M 科学研究和技术服务业	179 221	166 879	334 540	423 806	239 065	380 199	343 163	373 465	507 213
N 水利/环境和公共设施管理业	14 489	55 139	136 773	84 705	21 892	17 863	26 988	15 671	22 494
O 居民服务/修理和其他服务业	112 918	165 175	159 948	542 429	186 526	222 822	167 338	216 078	180 948
P 教育	3 566	1 355	6 229	28 452	13 372	57 302	64 880	13 004	2 825
Q 卫生和社会工作	1 703	15 338	8 387	48 719	35 267	52 480	22 717	63 767	33 877
R 文化/体育和娱乐业	31 085	51 915	174 751	386 869	26 401	116 586	52 352	−213 383	8 773
S 公共管理/社会保障和社会组织	—	—	160	—	—	—	—	—	—
合计	10 784 371	12 311 986	14 566 715	19 614 943	15 828 830	14 303 731	13 690 756	15 371 026	17 881 932

附表4　2013—2021 各年末中国对外直接投资存量行业分布情况

单位：万美元

行业分类	2013 年	2014 年	2015 年	2016 年	2017 年	2018 年	2019 年	2020 年	2021 年
A 农/林/牧/渔业	717 912	969 179	1 147 580	1 488 502	1 656 194	1 877 318	1 966 892	1 943 495	1 881 576
B 采矿业	10 617 092	12 372 524	14 238 131	15 236 959	15 767 026	17 348 081	17 539 839	17 587 884	18 150 765
C 制造业*	4 197 684	5 235 194	7 852 826	10 811 271	14 030 075	18 230 588	20 013 570	27 786 853	26 326 333
D 电力/热力/燃气及水的生产和供应业	1 119 660	1 504 089	1 566 310	2 282 141	2 499 090	3 369 471	3 306 117	4 237 947	5 049 240
E 建筑业	1 944 574	2 258 325	2 712 412	3 241 975	3 770 399	4 163 229	4 223 027	5 079 699	5 507 313
F 批发和零售业	8 764 768	10 295 680	12 194 086	16 916 820	22 642 713	23 269 268	29 553 871	34 531 558	36 958 161
G 交通运输/仓储和邮政业	3 222 778	3 468 163	3 990 552	4 142 202	5 476 795	6 650 033	7 653 356	8 077 558	9 172 268
H 住宿和餐饮业	94 743	130 704	223 334	419 407	351 305	440 434	492 025	492 646	491 036
I 信息传输/软件和信息技术服务业*	738 440	1 232 599	2 092 752	6 480 151	21 889 737	19 357 456	20 220 605	29 791 382	16 022 746
J 金融业	11 707 983	13 762 485	15 966 010	17 734 245	20 279 304	21 789 544	25 453 442	27 006 173	30 035 025
K 房地产业*	1 542 126	2 464 903	3 349 305	4 610 471	5 375 505	5 734 096	7 761 139	8 140 791	9 291 631
L 租赁和商务服务业*	19 573 354	32 244 392	40 956 771	47 399 432	61 577 349	67 546 458	73 408 168	83 164 214	111 523 784
M 科学研究和技术服务业*	866 973	1 087 324	1 443 083	1 972 019	2 168 399	4 424 564	4 600 991	6 057 966	4 507 518
N 水利/环境和公共设施管理业*	34 242	133 365	254 191	357 469	238 996	313 108	330 060	357 106	285 419
O 居民服务/修理和其他服务业	768 855	904 271	1 427 660	1 690 188	1 901 733	1 671 529	1 360 344	1 354 133	1 460 781
P 教育*	20 105	18 464	28 662	72 372	328 616	476 111	429 261	790 280	273 111
Q 卫生和社会工作*	6 484	23 060	17 536	92 137	138 880	299 697	312 691	396 516	376 709
R 文化、体育和娱乐业*	110 067	159 522	325 098	791 284	811 536	1 265 599	1 262 671	1 269 642	1 201 556
S 公共管理/社会保障和社会组织	—	—	160	—	—	—	—	—	—
合计	66 047 840	88 264 242	109 786 459	135 739 045	180 903 652	198 226 585	219 888 069	258 065 844	278 514 971

注：带*行数据表示2021年末存量中包含对以往历史数据进行调整。

附表 5　2013—2021 各年中国对外非金融类直接投资流量情况（分省市区）

单位：万美元

省、市、自治区	2013 年	2014 年	2015 年	2016 年	2017 年	2018 年	2019 年	2020 年	2021 年
一、中央合计	5 632 449	5 247 617	2 781 752	3 071 936	5 327 185	2 305 691	2 721 380	4 919 523	6 429 102
二、地方合计	3 641 489	5 472 587	9 360 410	15 051 198	8 623 101	9 826 320	8 974 446	8 485 185	8 772 952
北京市	413 010	727 353	1 228 033	1 557 362	665 126	647 042	826 601	598 518	704 790
天津市	112 020	414 637	252 654	1 794 146	230 502	337 348	440 313	154 478	231 906
河北省	92 757	121 865	94 030	301 285	165 276	160 555	194 196	125 140	275 159
山西省	56 483	30 491	18 611	56 957	37 072	52 242	6 333	7 027	28 938
内蒙古自治区	40 880	110 969	40 447	175 210	54 879	88 314	46 469	23 874	17 982
辽宁省	129 499	147 902	212 204	186 291	117 182	172 240	60 153	46 474	120 585
其中：大连市	104 450	57 481	134 920	105 469	44 146	130 412	7 596	−6 613	24 315
吉林省	75 240	33 310	65 823	20 525	22 698	3 850	7 993	8 957	9 635
黑龙江省	77 338	65 531	42 388	118 259	51 382	47 751	58 145	6 050	8 054
上海市	267 524	499 225	2 318 288	2 396 772	1 299 029	1 532 935	1 049 232	1 255 140	1 322 120
江苏省	302 001	406 983	725 000	1 220 196	435 784	609 713	511 520	613 916	906 386
浙江省	255 276	386 170	710 816	1 231 398	1 066 004	1 228 122	895 157	1 074 389	1 337 483
其中：宁波市	84 468	103 663	251 456	569 627	146 771	348 909	157 056	274 514	260 693
安徽省	91 055	38 029	206 747	103 181	186 239	237 073	114 417	146 474	283 889
福建省	95 249	105 064	275 743	411 919	282 522	453 829	289 612	333 924	403 703
其中：厦门市	26 463	26 523	99 523	186 768	109 178	201 662	53 897	88 470	140 809
江西省	38 091	73 853	100 457	96 962	59 762	79 915	206 641	143 677	124 273
山东省	426 472	391 590	710 983	1 302 379	787 518	669 061	1 023 964	610 241	501 865
其中：青岛市	102 267	121 749	127 774	524 943	128 767	259 383	162 725	−153 799	163 805
河南省	58 971	54 692	131 284	412 543	182 337	385 761	274 860	115 013	142 499
湖北省	52 011	67 161	63 596	131 896	132 030	108 079	155 105	62 194	194 723
湖南省	56 970	78 449	112 370	209 601	163 789	150 664	153 922	218 785	228 159
广东省	594 288	1 089 671	1 226 250	2 296 230	1 177 199	1 606 089	1 669 904	2 353 187	1 417 429
其中：深圳市	300 814	598 933	645 920	1 168 393	656 778	1 054 653	935 930	1 276 261	871 626
广西壮族自治区	8 134	22 864	45 091	143 087	63 666	127 281	27 958	39 104	16 444
海南省	81 731	88 708	120 119	47 966	314 964	337 533	255 680	19 910	79 881
重庆市	34 655	76 676	149 638	181 496	502 827	133 028	151 369	125 019	40 979
四川省	58 447	138 223	118 730	141 201	176 569	217 737	156 998	187 504	152 203
贵州省	20 815	8 764	6 539	7 467	3 658	8 158	1 434	1 548	32 095
云南省	83 036	126 195	94 648	156 211	147 382	120 127	89 462	73 030	100 934
西藏自治区	22	385	29 681	2 314	22 777	46 569	21 769	3 628	38 079
陕西省	30 789	41 411	62 408	79 687	126 055	65 714	55 475	70 935	24 510
甘肃省	43 182	27 321	12 293	77 049	48 403	59 084	24 798	8 659	9 423
青海省	3 596	1 601	7 826	8 164	1 133	2 286	5 031	8 242	−16 891
宁夏回族自治区	8 626	33 883	108 959	57 750	9 723	44 870	54 688	9 888	9 704
新疆维吾尔自治区	31 579	54 832	61 077	117 150	78 481	82 097	137 144	39 038	22 959
新疆生产建设兵团	1 742	8 780	7 679	8 544	11 131	11 255	8 102	1 222	3 052
合计	9 273 938	10 720 204	12 142 162	18 123 134	13 950 286	12 132 011	11 695 827	13 404 708	15 202 054

附表6 2013—2021 各年末中国对外非金融类直接投资存量情况（分省市区）

单位：万美元

省、市、自治区	2013 年	2014 年	2015 年	2016 年	2017 年	2018 年	2019 年	2020 年	2021 年
一、中央合计	37 850 016	50 958 051	59 372 681	65 599 697	87 878 206	101 561 568	115 879 800	143 086 416	163 435 135
二、地方合计	16 490 005	23 543 706	34 447 768	52 405 103	72 746 142	74 875 473	78 554 827	87 973 256	85 044 812
北京市	1 276 456	2 848 870	3 879 895	5 438 141	6 484 394	6 995 093	7 368 891	8 527 566	9 588 300
天津市	359 331	923 379	1 094 193	2 622 543	2 353 886	2 464 954	2 792 847	2 692 969	2 405 716
河北省	349 045	453 094	572 481	862 739	1 110 454	1 128 621	1 181 404	1 360 450	1 627 453
山西省	153 865	170 579	211 051	316 180	256 219	307 772	289 592	224 443	242 673
内蒙古自治区	167 880	239 148	313 155	496 332	540 581	639 544	648 468	641 944	708 187
辽宁省	773 117	925 619	1 131 945	1 321 896	1 325 072	1 295 936	1 399 423	1 418 865	1 339 176
其中：大连市	529 818	589 730	709 425	813 447	699 531	758 218	683 958	689 282	573 422
吉林省	213 924	243 138	313 412	338 712	398 703	389 298	323 162	320 043	244 165
黑龙江省	335 010	402 167	421 397	574 078	407 097	459 569	434 802	427 580	395 606
上海市	1 784 361	2 548 479	5 836 165	8 405 445	11 200 433	11 806 919	13 033 232	13 643 508	15 150 421
江苏省	1 116 311	1 560 997	2 261 424	3 494 674	4 031 748	4 614 523	5 449 645	6 014 187	6 853 502
浙江省	1 098 848	1 537 359	2 236 478	3 268 220	9 839 463	5 736 359	6 590 062	7 475 529	8 230 527
其中：宁波市	323 064	451 785	674 225	1 177 975	1 216 413	1 532 361	1 738 486	1 865 905	1 915 782
安徽省	379 559	426 945	626 696	581 850	904 994	1 123 612	1 271 546	1 474 568	1 763 759
福建省	396 778	487 290	820 253	1 113 362	1 266 592	1 756 699	1 900 923	2 357 008	2 553 576
其中：厦门市	109 623	133 149	243 270	424 477	458 536	663 695	601 357	848 943	871 878
江西省	119 180	201 352	259 524	356 964	408 974	420 113	612 151	766 984	845 534
山东省	1 604 738	1 970 097	2 730 544	4 119 316	4 778 766	5 491 331	6 240 386	6 778 908	5 788 484
其中：青岛市	322 806	447 530	585 277	1 169 864	1 309 321	1 859 633	1 955 002	1 788 373	1 847 834
河南省	195 352	249 444	399 496	869 289	977 567	1 343 891	1 544 897	1 578 175	1 656 469
湖北省	173 318	228 305	286 068	418 263	562 511	645 458	701 207	688 305	739 300
湖南省	454 724	551 500	810 442	1 017 435	1 044 607	1 087 846	1 193 163	1 391 307	1 138 758
广东省	3 423 375	4 947 939	6 865 495	12 504 278	18 971 365	20 054 929	17 838 093	22 781 781	16 572 460
其中：深圳市	1 856 799	2 966 948	3 868 694	8 525 620	14 047 095	14 508 343	11 925 611	15 760 698	9 657 338
广西壮族自治区	106 168	147 792	184 597	343 295	376 545	494 650	526 015	551 037	518 224
海南省	343 423	375 642	489 395	500 865	1 115 541	1 518 030	1 698 512	1 244 561	1 197 871
重庆市	193 959	265 660	390 825	636 560	1 046 638	1 202 820	1 042 454	1 102 653	893 861
四川省	265 593	352 409	465 901	584 727	760 956	909 329	1 166 571	1 177 785	1 272 974
贵州省	32 708	34 178	42 894	48 017	49 892	61 155	93 202	84 829	100 755
云南省	386 567	514 204	602 619	681 510	755 796	835 622	753 088	793 549	831 173
西藏自治区	1 227	1 610	31 441	7 975	59 988	110 977	114 797	119 192	157 222
陕西省	200 287	246 511	285 525	361 166	422 009	491 434	552 540	542 644	502 105
甘肃省	315 985	320 403	321 156	407 739	471 826	582 349	610 849	669 188	645 545
青海省	9 062	10 132	22 292	27 027	59 829	60 750	64 713	72 084	53 110
宁夏回族自治区	19 624	49 733	160 026	247 420	210 646	258 666	439 154	387 418	362 924
新疆维吾尔自治区	174 951	234 030	296 592	400 533	505 564	531 475	638 486	634 901	642 449
新疆生产建设兵团	65 279	75 701	84 391	38 552	47 486	55 749	40 551	29 297	22 535
合计	54 340 021	74 501 757	93 820 449	118 004 800	160 624 348	176 437 041	194 434 626	231 059 671	248 479 946

附表7 2013—2021 各年中国对欧盟直接投资流量情况

单位：万美元

国家	2013 年	2014 年	2015 年	2016 年	2017 年	2018 年	2019 年	2020 年	2021 年
爱尔兰	11 702	3 711	1 430	33 193	24 134	7 516	6 428	6 760	22 558
爱沙尼亚	—	—	—	—	12	5 322	202	—	—
奥地利	15	4 371	10 432	19 172	41 219	13 814	3 239	7 481	19 539
保加利亚	2 069	2 042	5 916	−1 503	8 887	−168	246	57	25
比利时	2 578	15 328	2 346	2 835	3 034	563	5 985	7 603	11 160
波兰	1 834	4 417	2 510	−2 411	−433	11 783	11 160	14 256	2 941
丹麦	2 739	5 723	−2 416	12 573	1 521	3 048	6 026	6 322	1 578
德国	91 081	143 892	40 963	238 058	271 585	146 799	145 901	137 560	271 113
法国	26 044	40 554	32 788	149 957	95 215	−7 502	8 722	14 779	−15 167
芬兰	852	1 042	3 868	3 667	2 347	14 104	3 404	4 066	6 518
荷兰	23 842	102 997	1 346 284	116 972	−22 312	103 834	389 317	493 833	170 393
捷克	1 784	246	−1 741	185	7 295	11 302	6 053	5 279	−2 539
克罗地亚	—	355	—	22	3 184	2 239	2 869	15 446	1 515
拉脱维亚	—	—	45	—	8	1 068	—	564	482
立陶宛	551			225		−447		33	20
卢森堡	127 521	457 837	−1 145 317	160 188	135 340	248 733	68 587	70 095	149 932
罗马尼亚	217	4 225	6 332	1 588	1 586	157	8 411	1 310	513
马耳他	12	193	503	15 480	167	1 011	−118	89	282
葡萄牙	1 494	387	1 072	1 137	104	1 171	1 855	118	275
瑞典	17 082	13 001	31 719	12 768	129 026	106 395	191 571	192 999	128 077
塞浦路斯	7 634	—	176	525	60 341	11 390	8 242	9 466	3 228
斯洛伐克	33	4 566	—	—	68	1 462	−53	20	33
斯洛文尼亚	—	—	—	2 186	39	1 328	2 684	−13 294	304
西班牙	−14 575	9 235	14 967	12 541	5 879	53 768	11 491	10 295	7 917
希腊	190	—	−137	2 939	2 857	6 030	57	717	656
匈牙利	2 567	3 402	2 320	5 746	6 559	9 495	12 315	−415	5 353
意大利	3 126	11 302	9 101	63 344	42 454	29 761	64 979	24 446	−1 202
英国	141 958	149 890	184 816	148 039	206 630	102 664	110 345	—	—
合计	452 350	978 716	547 978	999 426	1 026 748	886 638	1 069 917	1 009 883	785 506

注：欧盟 2020 年及此后年度合计数据不包括对英国投资数据。

附表 8　2013—2021 各年末中国对欧盟直接投资存量情况

单位：万美元

国家	2013 年	2014 年	2015 年	2016 年	2017 年	2018 年	2019 年	2020 年	2021 年
爱尔兰	32 325	24 972	24 832	57 377	88 263	97 277	107 401	151 794	174 577
爱沙尼亚	350	350	350	350	362	5 684	6 333	532	532
奥地利	7 666	20 170	32 799	53 051	85 149	46 163	49 218	67 523	72 006
保加利亚	14 985	17 027	23 597	16 607	25 046	17 109	15 681	15 584	15 131
比利时	31 501	49 347	51 953	54 403	47 923	32 641	47 095	50 063	48 820
波兰	25 704	32 935	35 211	32 132	40 552	52 373	55 559	68 231	53 576
丹麦	8 437	20 815	8 217	22 611	22 883	24 653	29 485	35 354	25 393
德国	397 938	578 550	588 176	784 175	1 216 320	1 368 861	1 423 399	1 454 958	1 669 749
法国	444 794	844 488	572 355	511 617	570 271	659 879	595 434	486 095	486 390
芬兰	4 255	5 899	9 507	21 170	21 307	32 754	34 038	30 662	45 296
荷兰	319 309	419 408	2 006 713	2 058 774	1 852 900	1 942 899	2 385 482	2 604 129	2 848 751
捷克	20 468	24 269	22 431	22 777	16 490	27 923	28 749	119 843	52 682
克罗地亚	831	1 187	1 182	1 199	3 908	6 908	9 840	25 264	24 553
拉脱维亚	54	54	94	94	102	1 170	1 163	1 681	2 112
立陶宛	1 248	1 248	1 248	1 529	1 713	1 289	981	1 223	729
卢森堡	1 042 376	1 566 677	773 988	877 660	1 393 615	1 538 870	1 390 221	1 599 545	1 813 068
罗马尼亚	14 513	19 137	36 480	39 150	31 007	30 462	42 827	31 316	22 011
马耳他	349	542	1 045	16 364	16 498	23 049	22 932	17 253	3 258
葡萄牙	5 532	6 069	7 142	8 774	11 023	10 593	5 857	4 578	2 921
瑞典	273 771	301 292	338 196	355 368	730 742	689 681	857 869	1 060 149	1 703 204
塞浦路斯	17 126	10 717	10 915	11 005	71 869	84 543	106 147	20 274	13 124
斯洛伐克	8 277	12 779	12 779	8 277	8 345	9 929	8 274	8 287	441
斯洛文尼亚	500	500	500	2 686	2 725	4 009	18 960	4 680	5 018
西班牙	31 571	42 453	60 801	73 647	69 263	106 014	111 057	110 950	113 652
希腊	11 979	12 085	11 948	4 808	18 222	24 247	23 102	12 629	13 295
匈牙利	53 235	55 635	57 111	31 370	32 786	32 069	42 736	34 187	38 232
意大利	60 775	71 969	93 197	155 484	190 379	214 535	257 017	284 781	341 316
英国	1 179 792	1 280 465	1 663 246	1 761 210	2 031 817	1 988 323	1 714 390	—	—
合计	4 009 661	5 421 040	6 446 013	6 983 669	8 601 478	9 073 906	9 391 249	8 301 564	9 589 839

注：欧盟 2020 年及此后年度合计数据不包括对英国投资数据。

附表 9 2013—2021 各年中国对东盟直接投资流量情况

单位：万美元

国家	2013 年	2014 年	2015 年	2016 年	2017 年	2018 年	2019 年	2020 年	2021 年
菲律宾	5 440	22 495	−2 759	3 221	10 884	5 882	−429	13 043	15 286
柬埔寨	49 933	43 827	41 968	62 567	74 424	77 834	74 625	95 642	46 675
老挝	78 148	102 690	51 721	32 758	121 995	124 179	114 908	145 430	128 232
马来西亚	61 638	52 134	48 891	182 996	172 214	166 270	110 954	137 441	133 625
缅甸	47 533	34 313	33 172	28 769	42 818	−19 724	−4 194	25 080	1 846
泰国	75 519	83 946	40 724	112 169	105 759	73 729	137 191	188 288	148 601
文莱	852	−328	392	14 210	7 136	−1 509	−405	1 658	375
新加坡	203 267	281 363	1 045 248	317 186	631 990	641 126	482 567	592 335	840 504
印度尼西亚	156 338	127 198	145 057	146 088	168 225	186 482	222 308	219 835	437 251
越南	48 050	33 289	56 017	127 904	76 440	115 083	164 852	187 575	220 762
合计	726 718	780 927	1 460 431	1 027 868	1 411 885	1 369 353	1 302 377	1 606 327	1 973 158

附表 10 2013—2021 各年末中国对东盟直接投资存量情况

单位：万美元

国家	2013 年	2014 年	2015 年	2016 年	2017 年	2018 年	2019 年	2020 年	2021 年
菲律宾	69 238	75 994	71 105	71 893	81 960	83 002	8 673	76 713	88 390
柬埔寨 *	284 857	322 228	367 586	436 858	544 873	597 368	39 066	703 852	696 559
老挝 *	277 092	449 099	484 171	550 014	665 495	830 976	30 519	1 020 142	993 974
马来西亚 *	166 818	178 563	223 137	363 396	491 470	838 724	36 120	1 021 184	1 035 515
缅甸	356 968	392 557	425 873	462 042	552 453	468 006	49 971	380 904	398 821
泰国	247 243	307 947	344 012	453 348	535 847	594 670	43 716	882 555	991 721
文莱 *	7 212	6 955	7 352	20 377	22 067	22 045	651	38 812	9 628
新加坡 *	1 475 070	2 063 995	3 198 491	3 344 564	4 456 809	5 009 383	333 477	5 985 785	6 720 228
印度尼西亚 *	465 665	679 350	812 514	954 554	1 053 880	1 281 128	54 333	1 793 883	2 008 048
越南	216 672	286 565	337 356	498 363	496 536	560 543	52 173	857 456	1 085 211
合计	3 566 835	4 763 253	6 271 597	7 155 409	8 901 390	10 285 845	10 989 115	12 761 285	14 028 094

注："＊"表示该国家（地区）2021 年末存量数据中包含对以往历史数据进行调整。

附表 11　2021 年中国企业对"一带一路"沿线国家投资情况

单位：万美元

国家	2021 年流量	2021 年末存量
合计	2 414 990	21 383 686
阿尔巴尼亚	—	485
阿富汗	−255	43 500
阿拉伯联合酋长国	89 414	984 494
阿曼	4 086	28 530
阿塞拜疆	−64	2 103
埃及	19 571	127 344
爱沙尼亚	—	532
巴基斯坦	72 739	748 538
巴勒斯坦	—	—
巴林	6 111	13 469
白俄罗斯	4 241	64 605
保加利亚	25	15 131
北马其顿	272	1 793
波黑	482	2 122
波兰	2 941	53 576
东帝汶	577	10 140
俄罗斯联邦	−107 230	1 064 411
菲律宾	15 286	88 390
格鲁吉亚	7 654	79 229
哈萨克斯坦	82 224	748 743
黑山	5 909	20 601
吉尔吉斯斯坦	7 643	153 142
柬埔寨	46 675	696 559
捷克	−2 539	52 682
卡塔尔	11 682	78 946
科威特	3 788	85 356
克罗地亚	1 515	24 553
拉脱维亚	482	2 112
老挝	128 232	993 974
黎巴嫩	—	44
立陶宛	20	729

附表 11　续 1

单位：万美元

国家	2021 年流量	2021 年末存量
罗马尼亚	513	22 011
马尔代夫	2 309	7 204
马来西亚	133 625	1 035 515
蒙古国	2 468	156 952
孟加拉国	24 071	220 448
缅甸	1 846	398 821
摩尔多瓦	30	417
尼泊尔	4 996	46 335
塞尔维亚	20 576	48 229
沙特阿拉伯	51 429	352 419
斯里兰卡	16 611	63 976
斯洛伐克	33	441
斯洛文尼亚	304	5 018
塔吉克斯坦	23 743	162 722
泰国	148 601	991 721
土耳其	22 544	192 136
土库曼斯坦	−1 760	29 417
文莱	375	9 628
乌克兰	−47	13 693
乌兹别克斯坦	36 903	280 772
新加坡	840 504	6 720 228
匈牙利	5 353	38 232
叙利亚	−12	1 392
亚美尼亚	698	2 702
也门	−1 158	52 969
伊拉克	17 818	194 183
伊朗	24 212	341 997
以色列	−47 014	344 770
印度	27 946	351 889
印度尼西亚	437 251	2 008 048
约旦	−2 022	18 359
越南	220 762	1 085 211

附　录

对外直接投资统计制度

中华人民共和国商务部

国　家　统　计　局

国　家　外　汇　管　理　局

2019年1月

一、总说明

（一）调查目的

为准确、及时、全面地反映我国对外直接投资的实际情况，科学、有效地组织全国对外直接投资统计工作，充分发挥统计咨询、监督作用，依照《中华人民共和国统计法》，特制定本制度。对外直接投资统计的基本任务是通过统计调查、统计分析和提供统计资料，全面、准确、及时地反映我国对外直接投资的全貌，为国家分析境外投资发展趋势，监测宏观运行，制定促进导向政策和实施监督管理，以及建立我国资本项目预警机制提供依据。

（二）调查对象

所有发生对外直接投资活动的中国境内机构和个人（以下简称境内投资者）。

（三）调查范围

1. 我国境内投资者以现金、实物、无形资产等方式在国外及港澳台地区设立、参股、兼并、收购国（境）外企业，并拥有该企业 10% 或以上的股权、投票权或其他等价利益的经济活动。

2. 对外直接投资统计的范围主要包括境内投资者通过直接投资方式在境外拥有或控制 10% 或以上股权、投票权或其他等价利益的各类公司型和非公司型的境外直接投资企业（以下简称境外企业）。

（四）调查内容

对外直接投资统计的内容主要包括：境内投资者的基本情况；境外企业的基本情况；对外直接投资流量、存量情况；成员企业间债务工具情况；境外企业返程投资情况；通过境外企业再投资情况；境外主要矿产资源情况；主要国际产能合作领域情况；对外直接投资月度投资情况；对外投资并购情况；农业对外投资合作情况；境外经济贸易合作区情况、通过境外企业再投资月度情况、对外投资带动出口情况等。

对外直接投资统计的指标主要包括：对外直接投资额；对外直接投资流量；年末对外直接投资存量；反向投资额；股权；收益再投资；债务工具；资产总计；负债合计；所有者权益合计；实收资本；销售（营业）收入；利润总额；年末从业人数；对所在国家（地区）缴纳的税金总额等。

（五）统计调查方法

本制度采用全面调查的方法。

（六）调查频率及调查时间

本制度采用定期填报统计报表方式，收集、整理统计资料。调查表分为年度报表和月度报表。其中月度报表调查时间为 1 日至当月最后一日，年度报表调查时间是 1 月 1 日至 12 月 31 日。

（七）组织方式和渠道

1. 对外直接投资统计实行统一领导，分级管理，逐级报送。

（1）商务部根据国家统计局的统一要求，负责全国对外直接投资的统计工作，管理各省、自治区、直辖市及计划单列市商务主管部门和中央企业（单位）的对外直接投资统计工作，综合编制、汇总全国对外直接投资统计资料。

（2）国家外汇管理局（以下简称外汇局）负责全国金融业的对外直接投资统计工作，管理金融业境内投资者的对外直接投资统计工作，综合编制、汇总并向商务部提供金融领域的对外直接投资统计资料。

（3）各省级商务主管部门负责本行政区域内对外直接投资统计工作，管理本行政区域内非金融业境内投资者（不包括该行政区域内中央管理的企业，下同）的对外直接投资统计工作，综合编制、汇总并向商务部报送本行政区域内的对外直接投资统计资料。

（4）境内投资者负责管理本单位的对外直接投资统计工作，按照本制度规定的表式搜集其境外直接投资企业的统计资料，综合编制、汇总并向省级商务主管部门、商务部或外汇局报送本单位的统计资料。

2. 商务部、国家统计局和外汇局根据需要对重点统计调查项目采取典型调查方式，收集、整理统计资料，具体办法另文制定。

对外直接投资统计报表报送渠道：

（1）境内投资者为中央企业、单位的，直接向商务部报送统计报表。

（2）境内投资者为金融企业（包括银行、保险公司、证券公司、基金公司、信托公司、财务公司等）的，直接向外汇局报送统计报表。

（3）其他境内投资者向所在地商务主管部门报送统计报表。

（4）各省级商务主管部门汇总本行政区域内（不包括中央企业）的统计资料并上报商务部，同时抄送同级统计部门。

（5）外汇局负责收集、审核、汇总金融业境内投资者的统计资料，向商务部提供金融部分对外直接投资统计资料。

（6）商务部负责汇总全行业对外直接投资统计资料并报国家统计局，同时共享外汇局使用。

（7）境内投资者对外直接投资涉及的所有境外企业均按（1）、（2）、（3）渠道报送。

（八）填报要求

1. 各级商务主管部门和有关企业、单位须根据对外直接投资统计工作的需要及工作量，配备统计人员（专职或兼职），提供必要的经费及办公设备。

2. 统计机构、统计人员应当依法履行职责，如实搜集、报送统计资料，不得伪造、篡改统计资料，不得以任何方式要求任何单位和个人提供不真实的统计资料。

3. 拒绝提供对外直接投资统计资料或者经催报后仍未按时提供统计资料的境内投资者，其行为将被纳入对外投资合作领域不良信用记录并在商务部网站进行公示。

4. 逢国家法定的节假日，统计报表的报送时间顺延。

5. 本制度使用的国别（地区）统计代码，按海关总署制定的《国别（地区）统计代码》执行。

6. 境内投资者所属行业类别按《国民经济行业分类》（GB/T 4754-2017）执行，境外企业所属行业类别参照执行。

7. 境内投资者所属企业登记注册类型按国家统计局、国家工商行政管理总局 2011 年发布的《关于划分企业登记注册类型的规定》执行。

8. 境内投资者所属企业所有制性质按国家统计局 2005 年发布的《关于统计上对公有和非公有控股经济的分类办法》执行。

9. 文化及相关产业分类按照国家统计局 2018 年发布的《文化及相关产业分类》执行。

10. 统一社会信用代码以有关登记管理部门颁发的《统一社会信用代码证书》或相关证明为准。

（九）质量控制

1. 本制度涉及对外直接投资统计标准、原则遵循经济合作与发展组织（OECD）《关于外国直接投资基准定义》（第四版）有关规定，统计数据与全球大多数国家（地区）具有可比性。

2. 为全面反映对外直接投资实际情况，对外直接投资月度统计数据包括商务部根据上年收益再投资测算的月度收益再投资，商务部根据测算结果将月度收益再投资分摊到有关行业、国家（地区）、省份等。

3. 商务部、国家统计局和外汇局可根据对外直接投资实际情况对本年月度数据及上年度年报数据予以调整，年度最终数据以统计公报公布的数据为准。

4. 商务部定期对各省级商务主管部门和中央企业（单位）的对外直接投资统计工作开展情况进行通报，加强统计管理，不断提升统计数据质量。

5. 商务部制定《关于防范商务领域统计造假弄虚作假有关责任的规定》，落实统计责任，全面防范和严肃惩治商务统计造假，保障统计数据质量。

6. 为保证统计数据完整、准确，各省级商务主管部门、有关中央企业应做好辖区及下属企业的对外直接投资统计培训工作。

7. 境内投资主体是否按照统计制度要求报送对外直接投资统计资料，已列入商务部市场监管"双随机、一公开"执法事项。

（十）统计资料公布和信息共享

1. 对外直接投资统计数据采取定期公布制度。对外投资合作业务管理中使用的以及对外提供的统计资料，以商务部、国家统计局和外汇局公布的统计资料为准。

2. 年度综合统计数据由商务部、国家统计局和外汇局于次年 9 月 30 日前以年度对外直接投资统计公报形式对外公布，并通过商务部网站（www. mofcom. gov. cn）与全社会共享；月度综合统计数据由商务部于月后 30 日内通过商务部政府网站或新闻发布会形式对外公布与全社会共享。每年 1 季度，商务部根据月度统计数据生成年度对外直接投资统计初步数据，同比计算基数为上年度统计初步数据。

二、统计报表目录

表号	表名	报告期别	统计范围	报送、提供单位	报送、提供日期及方式	页码
（一）综合报表						
FDI 金融 N1 表	金融业境内投资者对外直接投资流量和存量（按国别地区分组）	年报	全部金融业境内投资者	国家外汇管理局	年后 7 月 20 日前向商务部提供，纸介质	13
FDI 金融 N2 表	金融业境内投资者对外直接投资流量和存量（按国民经济行业分组）	年报	同上	同上	同上	14
FDI 金融 N3 表	金融业境内投资者拥有的境外企业基本情况	年报	同上	同上	同上	15
FDI 金融 Y1 表	金融业对外直接投资情况（按国别地区分组）	月报	同上	同上	月后 15 日前向商务部提供，纸介质	16
FDI 金融 Y2 表	金融业对外直接投资情况（按国民经济行业分组）	月报	同上	同上	同上	17
（二）基层报表						
FDIN1 表	境内投资者基本情况	年报	全部非金融业境内投资者	非金融业境内投资者	年后 6 月 20 日前报省级商务主管部门或商务部，网络传输	18
FDIN2 表	境外企业基本情况	年报	同上	同上	同上	19
FDIN3 表	对外直接投资流量、存量情况	年报	同上	同上	同上	20
FDIN4 表	成员企业间债务工具情况	年报	同上	同上	同上	21
FDIN5 表	境外企业返程投资情况	年报	同上	同上	同上	22
FDIN6 表	境内投资者通过境外企业再投资情况	年报	同上	同上	同上	23
FDIN7 表	境外主要矿产资源情况	年报	同上	同上	同上	24
FDIN8 表	主要国际产能合作领域情况	年报	同上	同上	同上	25
FDIY1 表	对外直接投资月度情况（按出资方式分组）	月报	同上	同上	月后 10 日前报省级商务主管部门或商务部，网络传输	27
FDIY2 表	对外直接投资月度情况（按投资构成分组）	月报	同上	同上	同上	28
FDIY3 表	对外投资并购基本事项	月报	同上	同上	同上	29
FDIY4 表	农业对外投资合作情况	月报	同上	同上	同上	30
FDIY5 表	境外经济贸易合作区情况	月报	同上	同上	同上	31
FDIY6 表	境外企业再投资月度情况	月报	同上	同上	月后 15 日前报省级商务主管部门或商务部，网络传输	32
FDIY7 表	对外投资带动货物进出口情况	月报	同上	同上	月后 15 日前报省级商务主管部门或商务部，网络传输	33

三、调查表式（略）

四、主要指标解释及概念界定

（一）主要指标解释

1. 对外直接投资

对外直接投资是境内投资者以控制国（境）外企业的经营管理权为核心的经济活动，体现在一经济体通过投资于另一经济体而实现其持久利益的目标。

2. 直接投资企业

直接投资企业指境内投资者直接拥有或控制 10% 或以上股权、投票权或其他等价利益的境外企业。境外企业按设立方式主要分为子公司、联营公司和分支机构。

（1）子公司：境内投资者拥有该境外企业 50% 以上的股东或成员表决权，并具有该境外企业行政、管理或监督机构主要成员的任命权或罢免权。

（2）联营公司：境内投资者拥有该境外企业 10%～50% 的股东或成员表决权。

（3）分支机构：即境内投资者在国（境）外的非公司型企业。

3. 成员企业

成员企业指企业间互相不持有股份，但为同一企业所影响，则这些企业称为成员企业。只要企业间存在直接或间接地有一个共同的母公司，这些企业即成为成员企业。

例如：中国 A 企业在中国香港设立直接投资企业 B，在美国设立了境外企业 C，企业 C 和 B 互为成员企业。

4. 境外成员企业

境外成员企业指与境内投资者互为成员企业的境外企业。

例如：中国 A 企业在中国内地设立了 B 企业，又在英国投资了企业 C，企业 C 是 B 的境外成员企业。

5. 对外直接投资额

对外直接投资额指境内投资者在报告期内直接向其境外企业实现的投资，包括股权投资、收益再投资及债务工具三部分。

金融业的对外直接投资仅包括股权投资和收益再投资。

（1）股权投资：指境内投资者在其境外分支机构投入的股本金或在其境外子公司和联营公司的股份。

股权：等于报告年度末境外企业资产负债表中"股本"项乘以中方所占投资份额（或股权比重），当期股权的减少记作当期负流量。

新增股权：等于报告年度境外企业股本增加额乘以中方股权份额，其中包括境内投资者当年实际缴付的股本和由投资收益转增的股本。股权增加额为该企业年末、年初资产负债表"股本"项目相减之差。

（2）收益再投资：指境外子公司或联营公司未作为红利分配但应归属于境内投资者的利润部分，以及境外分支机构未汇给境内投资者的利润部分。

当期收益再投资：等于报告年度境外企业资产负债表中按中方股权比例计算的未分配利润期末数与期初数的差额，当期利润再投资为负数记入当期负流量。

收益再投资：等于报告年度境外企业资产负债表中按中方股权比例计算的未分配利润期末数，未分配利润期末数为负数不计入对外直接投资存量。

（3）债务工具：指境外子公司、分支机构及联营公司对境内投资者负债合计，包括境内投资者给境外子公司、联营公司和分支机构提供的贷款、应收和预付款项、债务证券等。境内投资者给境外成员企业间的贷款亦纳入此范畴。

境内投资者当期提供给境外子公司、联营公司、分支机构、境外成员企业贷款记作当期对外直接投资流量和存量的增加；境外子公司、联营公司、境外成员企业归还当期或以前年度境内投资者记作当期对外直接投资的负流量，同时应调减当期存量。

境内投资者与境外子公司、联营公司、分支机构间当期新增或减少的应收和预付款项记作当期对外直接投资的流量的增加或减少；期末应收和预付款项记作对外直接投资的存量的增加或减少。

6. 反向投资额

反向投资额指境外企业对境内投资者持股比例低于10%的投资。

7. 返程投资

返程投资指境内投资者将本地资金通过各种渠道流到国（境）外，再以直接投资（控股≥10%）

的形式将这些资金返回到本地经济体。

8. 当期对外直接投资总额

当期对外直接投资总额等于报告期境外企业新增股权加上当期收益再投资，加上对境内投资者的新增债务工具（包括贷款、应收款等）。

9. 当期对外直接投资流量

当期对外直接投资流量等于当期对外直接投资总额，减去当期境外企业对境内投资者的反向投资。

10. 年末对外直接投资总额

年末对外直接投资总额等于报告期境外企业资产负债表中按中方投资比例计算的股本期末数加上按中方投资比例计算的未分配利润期末数，加上期末对境内投资者的债务工具（指境内投资者对境外企业提供贷款、应收款等）。

11. 年末对外直接投资存量

年末对外直接投资存量等于年末对外直接投资总额减去境外企业累计对境内投资者的反向投资。

12. 资产总计

资产总计指企业拥有的流动资产、固定资产、无形资产、长期投资、在建工程、其他资产等用货币计量的价值总和。

13. 负债合计

负债合计反映报告期末企业承担的能够以货币计量、需要以资产或者劳务偿付的债务，包括流动负债、长期负债和其他负债。

14. 所有者权益合计

所有者权益合计指所有者在企业资产中享有的经济利益（按股比计算），其金额为资产减去负债后的余额，包括实收资本（或者股本）、资本公积、盈余公积和未分配利润等。

15. 实收资本

实收资本指投资者按照企业章程，或合同、协议的约定，实际投入企业的资本。

16. 销售（营业）收入

销售（营业）收入指企业在销售商品或提供劳务等经营业务中实现的营业收入，包括主营业务收入和其他业务收入。

17. 利润总额

利润总额企业在报告期的经营成果，包括营业利润、投资净收益和营业外收支净额。

18. 净利润

净利润指利润总额中按规定交纳了所得税后企业的利润留成，一般也称为税后利润或净收入。

19. 年末从业人员数

年末从业人员数指报告年度末在境（内）外企业从事一定的劳动并取得劳动报酬或其他形式劳动报酬的全部人员数。

境外企业与中国境内有对外劳务合作经营资质的企业签订用工合同的相关从业人员不纳入境外企业年末从业人员统计。

20. 对所在国家（地区）上缴税金总额

对所在国家（地区）上缴税金总额指境外企业按照投资所在国家或者地区的法律规定实际缴纳的各项税金之和。

21. 通过境外企业再投资

通过境外企业再投资指我国境内投资者通过对外直接投资企业向第三地转移投资方式而在最终目的地国家形成的各类投资。第三地是指中国大陆和对外直接投资的首个目的地以外的国家（地区），包括投资企业延伸链条的所有国家（地区）。

22. 并购

并购是兼并和收购的总称。兼并指境内投资者（或通过其直接投资设立的境外企业）在国（境）外合并其他境外独立企业的行为。收购指境内投资者（或通过其直接投资设立的境外企业）在国（境）外用现金或者有价证券等方式购买境外实体企业（包括项目）的股票或者资产，以获得对该企业（或项目）的全部资产或者某项资产的所有权，或对该企业的控制权。

并购事项的统计界定：

（1）境内投资者直接与卖方签订并购境外实体企业（或项目）协议以及实施并购的行为活动纳入并购事项统计。

（2）境内投资者通过其境外企业与卖方签订并购企业（或项目）协议以及实施并购的行为活动纳入并购事项统计。

（3）境内投资者之间的境外企业股权转让不纳入并购事项统计。

上述（1）中所涉及并购企业（或项目）的最终控股比例不得小于10%；（2）中所涉及并购事项不受最终控股比例限制。

23. 实际交易额

实际交易额指根据收购协议境内投资者（或其境外企业）实际支付给卖方的各种资金总和。

24. 从业人员期末人数

从业人员期末人数指报告期末在境外企业从事一定的劳动并取得劳动报酬的全部人员数量。

25. 农业对外投资合作

农业对外投资合作指境内投资者通过直接投资或再投资方式拥有、控制国（境）外农业类境外企业或项目的活动。

26. 自有资金

自有资金是指境内投资者（或境外企业）为进行生产经营活动所经常持有，可以自行支配使用并毋须偿还的那部分资金。

27. 文化及相关产业

依据国家统计局《文化及相关产业分类（2018）》，指为社会公众提供文化产品和文化相关产品的生产活动的集合。具体范围包括：

（1）以文化为核心内容，为直接满足人们的精神需要而进行的创作、制造、传播、展示等文化产品（包括货物和服务）的生产活动。具体包括新闻信息服务、内容创作生产、创意设计服务、文化传播渠道、文化投资运营和文化娱乐休闲服务等活动。

（2）为实现文化产品的生产活动所需的文化辅助生产和中介服务、文化装备生产和文化消费终端生产（包括制造和销售）等活动。

28. 剩余经济可采储量

剩余经济可采储量是指经过经济评价认定、在评价期内具有商业效益的可采储量，扣减报告期末累计开采量的剩余值。

29. 权益产量等于中方所占份额百分比乘以总产量

30. 境外经济贸易合作区

境外经济贸易合作区指在中国内地注册、具有独立法人资格的中资控股企业，通过在境外设立的中资控股的独立法人机构，投资建设的基础设施完备、主导产业明确、公共服务功能健全、具有集聚和辐射效应的产业园区。

（二）主要概念界定

1. 装备制造业的界定

装备制造业是指为国民经济各部门简单再生产和扩大再生产提供技术装备的各制造工业的总称，其产业范围包括机械工业（含航空、航天、船舶和兵器等制造行业）和电子工业中的投资类产品。包括通用设备制造业、专用设备制造业、金属制品业、汽车制造业、铁路/船舶/航空航天和其他运输设备制造业、电气机械和器材制造业、计算机/通信和其他电子设备制造业、仪器仪表制造业等。

2. 境外企业年度生产能力界定

境外钢铁企业按年度钢铁厂钢材产量计算，单位万吨；

水泥企业按年度各种水泥的累计产量计算，单位万吨；

平板玻璃生产企业按各种玻璃的产量计算，单位万重量箱；

电力生产企业按发电装机容量计算，单位万千瓦；

汽车生产企业分别按乘用车（包括轿车、MPV、SUV、交叉型乘用车）、载货汽车（包括重型、中型、轻型、微型载货车）、客车（包括大、中、轻型客车）和其他汽车（半挂牵引车等）年度生产数量计算，单位辆。

3. 境外经贸合作区类型界定

（1）加工制造型：指以轻工、纺织、机械、电子、化工、建材等产品加工为主导的园区。

（2）资源利用型：指以矿产、森林、油气等资源开发、加工和综合利用等为主的园区。

（3）农业产业型：指以谷物和经济作物等的开发、加工、收购、仓储等为主导园区。

（4）商贸物流型：指以商品展示、运输、仓储、集散、配送、信息处理、流通加工等为主导的园区。

（5）科技研发型：指以轨道交通、汽车、通信、工程机械、航天航空、船舶和海洋工程等领域的高新技术及产品的研发、设计、实验、试制为主导的园区。

4. 统计原则的界定

（1）国家（地区）的统计界定

对外直接投资的国家（地区）按首个投资目的国家（地区）进行统计。

（2）境内投资者与境外企业的行业分类的界定

境内投资者根据中华人民共和国《国民经济行业分类》（GB/T 4754-2017，见附录一），按销售收入份额最大的产品的所属行业确定其行业类别。

境外企业分类参照中华人民共和国《国民经济行业分类》（GB/T 4754-2017）执行。

（3）货币转换和计价原则

境内投资者调查表（FDIN1表），填报的内容以人民币为货币单位；其余报表的金额单位均以美元作为统一货币单位。以非美元计价的，须按照国家外汇管理局制定的《各种货币对美元内部统一折算率表》规定的折算率折合为美元，年度数据以报告期最后一个交易日汇率计算，月度数据按交易当日汇率计算。

经营活动有关指标（如：营业收入、出口总值、进口总值等）按实际交易价即以市场价值作为计价基础；资产、负债、权益等存量指标按账面价值计算。

（4）报告年份的界定

本制度各项统计报表数据均按公历年度上报；以财政年度反映的境外企业的数据须调整为公历年度或按最近一期财政年度报表的数据填报，并在报表中加以说明。

（5）分支机构的统计界定

境内投资者在国（境）外设立的机构有下列情形之一的，纳入对外直接投资分支机构统计范畴：

A. 有独立财务账户并在当地有登记。

B. 在当地拥有土地、建筑物等不可移动资产所有权（不包括本国政府在当地拥有的土地和建筑如大使馆、领事馆、军事基地、科研设施、信息或移民部门、援助机构等）。

C. 境内投资者直接承担国（境）外工程项目建设，在项目所在国设立一年以上的办公室（注册或非注册）并存在完整、独立的活动账户。

如境内投资者在国（境）外承担的水坝、电站、桥梁等大型工程建设项目，大多数情况下，由未在当地登记的办公室（经理办、代表处、项目部）实施和管理项目，已构成生产经营属性，属于国际标准意义的直接投资活动。

D. 拥有移动设备（如船舶、航空器、天然气和石油钻探设备、铁路车辆等）并经营至少一年。

对境外分支机构的直接投资额（流量、存量）可按照新增或期末"所有者权益合计+对境内主体的负债"计算生成。

（6）其他统计界定

A. 凡境内投资者在境外企业中拥有或控制 10% 或以上的投票权（对公司型企业）或其他等价利益（对非公司型企业）的投资，均计入对外直接投资统计。

B. 子公司获得由境内直接投资者担保的借款，不计入对外直接投资统计。

C. 参加国际组织的投资不计入对外直接投资统计。

D. 以提供技术并收取管理费的跨境服务不计入对外直接投资统计。

E. 境外企业若被其他国家企业收（并）购，记作境内投资者对外直接投资的减少。

F. 若境外企业中有多家境内投资者，且均拥有 10% 以上的股份，可作为上报单位分别报送按股权比例计算的相应指标。

G. 境外企业对境内投资者投资控股比例大于或等于 10% 不计入反向投资。

H. 报告年度通过追加投资等方式达到控制企业 10% 或以上的投票权的境外企业纳入报告年度的对外直接投资统计，追加投资金额记作当期的对外直接投资的增加，期末对外直接投资存量按其持股比例计算的所有者权益合计部分计算。

I. 境内投资者之间以股权置换的方式获得境外企业 10% 以上股权记入当期对外直接投资的增加，由于股权置换而丧失或减少境外企业股权，记入当期对外直接投资的减少。

J. 境内银行（或存款公司）放在其境外支行或子公司内的存款不属于直接投资。

K. 境内银行（或存款公司）通过境外支行或子公司吸收的存款不属于直接投资。

L. 境内保险公司在境外设立的保险公司的技术储备（即：为防范现有风险的实际储备，提前支付的保费，赢利保险业务储备，以及未决索赔的准备金）不属于直接投资。

五、附录（略）

2021 Statistical Bulletin of China's Outward Foreign Direct Investment

China's Outward Foreign Direct Investment

Ministry of Commerce of the People's Republic of China
National Bureau of Statistics
State Administration of Foreign Exchange

Translator:
NKU　Ge Shunqin　Zhao Haoxin

2021 Statistical Bulletin of China's Outward Foreign Direct Investment

1. Overview of China's Outward FDI

1.1　In 2021, China's outward FDI net flows (hereinafter referred to as "flows") reached $178.82 billion, increased by 16.3% compared with the previous year. Among the flows, $53.15 billion was new equity investment, accounting for 29.7%; $99.3 billion was reinvested earnings, accounting for 55.5%; $26.37 billion was debt instrument investment, accounting for 14.8%.

By the end of 2021, 28.6 thousand Chinese domestic investors had established 46 thousand FDI enterprises[①](hereinafter referred to as "overseas enterprises") overseas in 190 countries (regions)[②] around the world. The year-end total assets of overseas enterprises were $8.5 trillion. The accumulated outward FDI net stock (hereinafter referred to as "stock") reached $2785.15 billion. Among the stock, $1596.4 billion was equity investment, $893.23 billion was reinvested earnings, $295.52 billion was debt instrument investment, accounting for 57.3%, 32.1% and 10.6% of the total respectively.

---

①　FDI enterprises refer to foreign enterprises that are directly owned or have 10% (or above) voting rights or equivalents controlled by domestic investors.

②　FDI countries (regions) are accounted as the first country (region) invested by domestic investors.

Table 1   Composition of China's Outward FDI Flows and Stock, 2021

（Billions of US Dollars）

Category \ Indicator	Flows			Stock	
	Amount	Year-on-Year Growth Rate （%）	Share（%）	Amount	Share（%）
Total	**178. 82**	**16. 3**	**100. 0**	**2 785. 15**	**100. 0**
Financial sector	26. 80	36. 3	15. 0	300. 35	10. 8
Non-financial sector	152. 02	13. 4	85. 0	2 484. 80	89. 2

Note: 1. The financial sector refers to domestic investor's outward FDI to overseas financial enterprises and the non-financial sector refers to domestic investor's outward FDI to overseas non-financial enterprises.

2. Data on flows in the non-financial sector and that in MOFCOM 2021 Express（$ 113. 64 billion）mainly differed in the reinvested earnings.

According to *the World Investment Report* 2022 by UNCTAD, global FDI outflows reached $ 1. 7 trillion in 2021 with a year-end stock of $ 41. 8 trillion. Based on this report, China's outward FDI flows and stock in 2021 accounted for 10. 5% and 6. 7% of the global total respectively, ranking second among all countries（regions）in terms of outward FDI flows, and third in terms of stock.

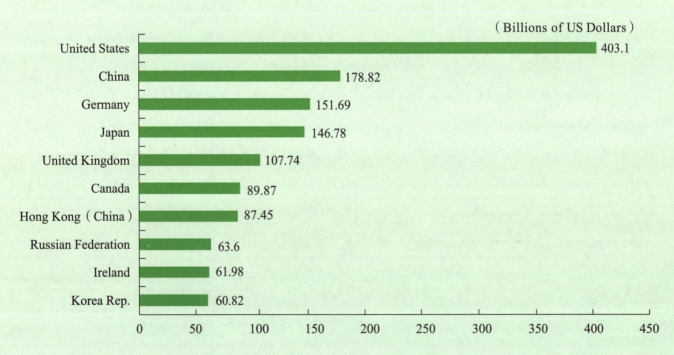

Figure 1   FDI Outflows of China and Other Major Countries（Regions）, 2021

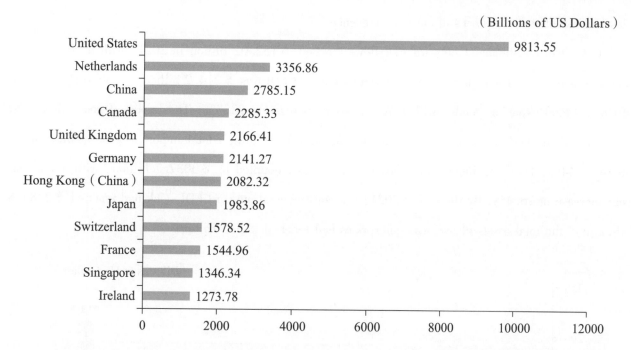

(Billions of US Dollars)

Figure 2   Outward FDI Stock of China and Other Major Countries（Regions）, 2021

Note: Data on China's outward FDI in 2021 is based on Statistical Bulletin of China's Outward Foreign Direct Investment, and data on other countries（regions）is based on *the World Investment Report* 2022 by UNCTAD.

1. 2   In 2021, China's financial outward FDI flows reached ＄26. 8 billion, with a year-on-year increase of 36. 3%. Among the flows, ＄9. 8 billion went to the monetary financial services sector（the former banking industry）, taking up a share of 36. 6%.

By the end of 2021, financial outward FDI stock had reached ＄300. 35 billion, among which ＄145. 8 billion had gone to the monetary financial services category, ＄8. 7 billion had gone to insurance industry, ＄20. 7 billion had gone to capital market services（the former securities industry）and ＄125. 15 billion had gone to other financial industries, accounting for 48. 5%, 2. 9%, 6. 9% and 41. 7% of the total respectively.

By the end of 2021, China's state-owned commercial banks③ had established 101 branch offices and 69 affiliated institutions in 51 countries（regions）including the United States, Japan, the United Kingdom, etc. These overseas enterprises had employed around 51 thousand staffs, 47 thousand of whom had been of foreign nationalities, taking up a share of 92. 2%. By the end of 2021, Chinese insurance compa-

---

③   China's state-owned banks include Bank of China, Agricultural Bank of China, Industrial and Commercial Bank of China, China Construction Bank, Bank of Communications and Postal Savings Bank of China.

nies had established 21 places of overseas presence.

1.3 The non-financial outward FDI flows reached ＄152.02 billion in 2021, with a year-on-year increase of 13.4%. The export of goods driven by outward FDI was ＄214.2 billion, accounting for 6.4% of China's total export of goods, with a year-on-year increase of 23.3%. The import of goods driven by outward FDI reached ＄128 billion, accounting for 4.8% of China's total import of goods, with an increase of 44%. The sales income of overseas enterprises amounted to ＄3037.7 billion, with a year-on-year increase of 26.4%. By the end of 2021, the non-financial outward FDI stock had reached ＄2484.8 billion and the total assets of overseas enterprises had reached ＄5.5 trillion.

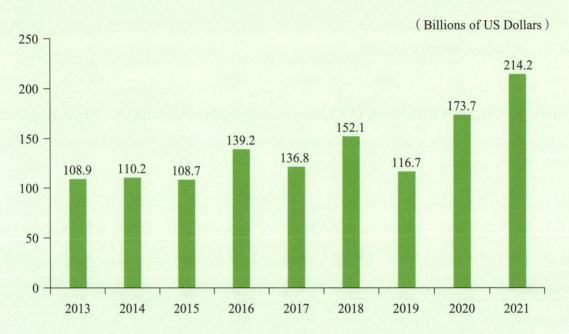

（Billions of US Dollars）

Figure 3 Export of Goods Driven by China's Outward FDI, 2013—2021

1.4 In 2021, the total amount of taxes paid by overseas enterprises to the countries （regions） where they invest was ＄55.5 billion, with a 24.7% increase comparing with the previous year; at the end of the year, the total number of employees of overseas enterprises reached 3.95 million, including 2.394 million foreign employees, accounting for 60.6% of the total, an increase of 206 thousand compared with the previous year.

2. The Flows and Stock of China's Outward FDI

Table 2　China's Annual Outward FDI Flows and Stock since the Establishment of Outward FDI Statistics System

(Billions of US Dollars)

Year	Flows			Stock	
	Amount	Global Ranking	Year-on-Year Growth Rate (%)	Amount	Global Ranking
2002	2.70	26	—	29.90	25
2003	2.85	21	5.6	33.20	25
2004	5.50	20	93.0	44.80	27
2005	12.26	17	122.9	57.20	24
2006	21.16	13	43.8	90.63	23
2007	26.51	17	25.3	117.91	22
2008	55.91	12	110.9	183.97	18
2009	56.53	5	1.1	245.75	16
2010	68.81	5	21.7	317.21	17
2011	74.65	6	8.5	424.78	13
2012	87.80	3	17.6	531.94	13
2013	107.84	3	22.8	660.48	11
2014	123.12	3	14.2	882.64	8
2015	145.67	2	18.3	1 097.86	8
2016	196.15	2	34.7	1 357.39	6
2017	158.29	3	−19.3	1 809.04	2
2018	143.04	2	−9.6	1 982.27	3
2019	136.91	2	−4.3	2 198.88	3
2020	153.71	1	12.3	2 580.66	3
2021	178.82	2	16.3	2 785.15	3

Note: 1. Data of 2002−2005 includes only non-financial outward FDI, and data of 2006−2021 includes outward FDI in all industries.

2. Annual growth rate of the year 2006 refers to that of the non-financial outward FDI.

2.1 China's Outward FDI Flows in 2021

2.1.1 China's outward FDI flows ranked second in the world and the influence of the investment continues to expand.

According to *the World Investment Report* 2022 by UNCTAD, in 2021, FDI outflows reached ＄1.7 trillion, with a year-on-year increase of 119%. Among them, foreign investment of developed economies[④] reached ＄1.27 trillion, which was 3.1 times that of the previous year, accounting for 74.3% of the global flows. Foreign investment of developing economies reached ＄438.4 billion, with a year-on-year increase of 17.8%, accounting for 25.7% of the total.

In 2021, China's outward FDI flows continued to maintain double-digit growth, with the amount of ＄178.82 billion. The flows ranked second in the world, accounting for 10.5% of the total, achieving a good start of the "the 14th Five Year Plan".

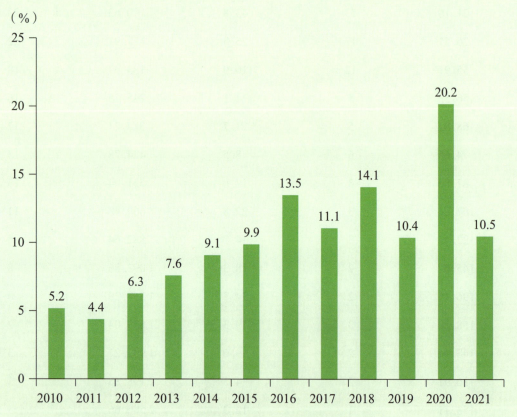

Figure 4   China's Percentage Share in World FDI Outflows, 2010−2021

---

④ Including the European Union, other European countries, Canada, the United States, Australia, Bermuda, Israel, Japan, Republic of Korea and New Zealand.

（Billions of US Dollars）

Figure 5　Outward FDI Flows of China，2002−2021

Note：Data source is *Statistical Bulletin of China's Outward Foreign Direct Investment*.

Since the release of the annual statistics of outward FDI in 2003, China has ranked among the top three in terms of outward FDI flows for 10 consecutive years, and its contribution to the world economy has become increasingly prominent. The flows in 2021 were 66 times as much as the flows in 2002, with an average annual growth rate of 24. 7%. Since the 18th National Congress of the Communist Party of China, China's accumulated foreign direct investment has reached ＄1. 34 trillion, equivalent to 48. 2% of the stock, with its global share being more than 10% for six consecutive years, and the Chinese overseas enterprises have paid ＄368. 2 billion in various taxes in the countries (regions) where the investment is located, providing more than 2 million jobs every year. The influence of China's foreign investment in global FDI has been expanding.

From the perspective of two-way investment, China's FDI outflows were slightly lower than FDI inflows (＄180. 96 billion).

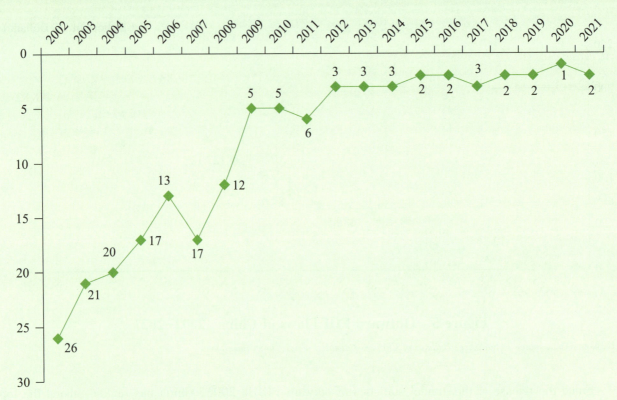

Figure 6　Global Rankings of China's Outward FDI Flows，2002−2021

（Billions of US Dollars）

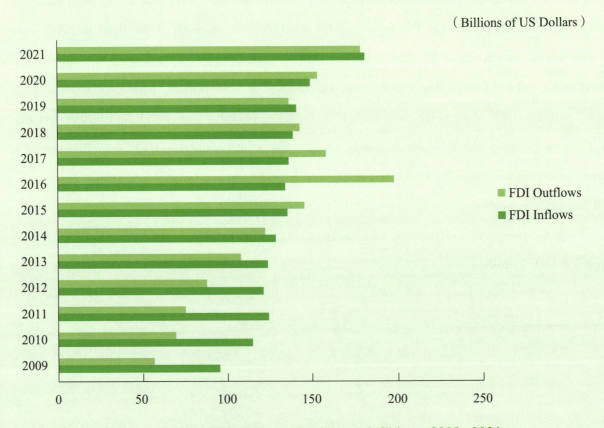

Figure 7　FDI Inflows and Outflows of China，2009−2021

Note：Data on China's FDI inflows from 2009 to 2021 is from *the World Investment Report* 2022 by UNCTAD.

2.1.2　Outward M&A have recovered steadily, and M&A in countries along the "the Belt and Road" have increased significantly.

In 2021, the overall scale of China's outward M&A stabilized and rebounded. The actual transaction volume reached ＄31.83 billion, with an increase of 12.9% over the previous year. Among them, direct investment⑤was ＄20.35 billion, accounting for 63.9% of the total amount of M&As and 11.4% of China's total outward FDI in that year, and overseas financing was ＄11.48 billion, accounting for 36.1% of the amount of M&A. These enterprises have implemented 505 outward M&A projects, involving 59 countries (regions).

Table 3　China's Outward M&As via Direct Investment, 2004−2021

(Billions of US Dollars)

Year	Amount of M&As	Year-on-Year Growth Rate (%)	Share (%)
2004	3.00	—	54.4
2005	6.50	116.7	53.0
2006	8.25	26.9	39.0
2007	6.30	−23.6	23.8
2008	30.20	379.4	54.0
2009	19.20	−36.4	34.0
2010	29.70	54.7	43.2
2011	27.20	−8.4	36.4
2012	43.40	59.6	31.4
2013	52.90	21.9	31.3
2014	56.90	7.6	26.4
2015	54.44	−4.3	25.6
2016	135.33	148.6	44.1
2017	119.62	−11.6	21.1
2018	74.23	−37.9	21.7
2019	34.28	−53.8	12.6
2020	28.20	−17.7	10.7
2021	31.83	12.9	11.4

Note: The amount of M&A in 2012−2021 includes overseas financing. The share refers to the proportion of direct investment in total flows.

⑤　Direct investment refers to domestic investors' or their overseas enterprises' M&As which are financed by domestic investor's own funds and domestic bank loans (excluding overseas loans guaranteed by domestic investors).

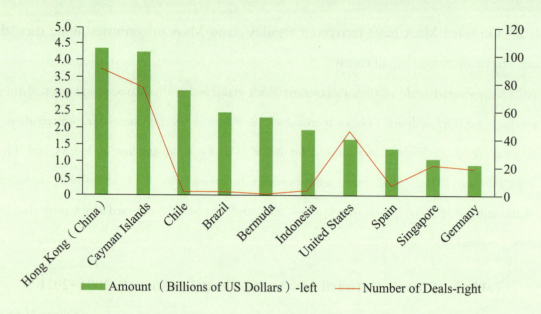

Figure 8　Top 10 Destinations of Chinese Enterprises' Cross-border M&As in 2021 （by Value of M&As）

Table 4　Industrial Distributions of China's Cross-border M&As，2021

（Billions of US Dollars）

Industry	Number of Deals	Amount	Share of Amount（%）
Production and Supply of Electricity/Heat/Gas and Water	44	8.03	25.2
Manufacturing	128	6.30	19.8
Mining	25	4.74	14.9
Transportation/Storage and Postal Services	20	3.28	10.3
Leasing and Business Services	38	2.79	8.8
Scientific Research and Technical Services	84	1.59	5.0
Information Transmission/Software and Information Technology Services	70	1.37	4.3
Wholesale and Retail Trade	58	1.26	4.0
Finance	4	0.87	2.7
Culture/Sports and Entertainment	3	0.45	1.4
Health and Social Work	4	0.34	1.1
Construction	5	0.29	0.9
Resident Services/Repair and Other Services	2	0.26	0.8
Others	20	0.25	0.8
Total	**505**	**31.83**	**100.0**

In 2021, Chinese enterprises' cross-border M&As involves 17 industrial sectors, including production and supply of electricity/heat/gas and water, manufacturing, mining, etc. In terms of the amount of M&As, production and supply of electricity/heat/gas and water industry ranked first with ＄8.03 billion and 44 projects. Manufacturing industry ranked second with ＄6.3 billion, involving 128 projects. Mining ranked third with ＄4.74, involving 25 projects.

In 2021, Chinese enterprises' outward cross-border M&As were distributed in 59 countries (regions) in the world. In terms of the amount of M&As, Hong Kong (China), the Cayman Islands, Chile, Brazil, Bermuda, Indonesia, the United States, Spain, Singapore and Germany ranked top 10.

In 2021, Chinese enterprises carried out 92 M&A projects in countries along "the Belt and Road", amounting to ＄6.23 billion and accounting for 19.6% of the total amount of M&As. The scale of M&As increased 97.8% compared with that in the previous year. Among the countries involved, Indonesia, Singapore, Vietnam, Kazakhstan, the United Arab Emirates, Egypt and Turkey attracted M&A investment of more than ＄300 million from Chinese enterprises.

2.1.3 Equity investment decreased by 15.7%, and the reinvested earnings reached a record high.

According to *the World Investment Report* 2022 by UNCTAD, in 2021, the profit level of global multinational enterprises has shown a record growth, and the high retained earnings have also driven the rapid growth of global FDI. In terms of the composition of outward FDI flows, in 2021, the operation of overseas enterprises was in good condition, and more than 70% of them were profitable or break-even. The reinvested earnings of the year (i.e. newly added retained earnings) was ＄99.3 billion, which reached a record high, accounting for 55.5% of China's outward FDI flows in the same period.

In 2021, the equity investment slowed down compared with the previous year, and the new equity investment was ＄53.15 billion, with a year-on-year decrease of 15.7%, accounting for 29.7% of the total flows; the debt instrument investment (only involving foreign non-financial enterprises) was ＄26.37 billion, with an increase of 38.5%, accounting for 14.8%.

Table 5   Composition of China's Outward FDI Flows, 2006−2021

(Billions of US Dollars)

Year	Flows	New Equity Investment		Current Reinvested Earnings		Debt Instrument Investment	
		Amount	Share (%)	Amount	Share (%)	Amount	Share (%)
2006	21.16	5.17	24.4	6.65	31.4	9.34	44.2
2007	26.51	8.69	32.8	9.79	36.9	8.03	30.3
2008	55.91	28.36	50.7	9.89	17.7	17.66	31.6
2009	56.53	17.25	30.5	16.13	28.5	23.15	41.0
2010	68.81	20.64	30.0	24.01	34.9	24.16	35.1
2011	74.65	31.38	42.0	24.46	32.8	18.81	25.2
2012	87.80	31.14	35.5	22.47	25.6	34.19	38.9
2013	107.84	30.73	28.5	38.32	35.5	38.79	36.0
2014	123.12	55.73	45.3	44.4	36.1	22.99	18.6
2015	145.67	96.71	66.4	37.91	26.0	11.05	7.6
2016	196.15	114.13	58.2	30.66	15.6	51.36	26.2
2017	158.29	67.99	42.9	69.64	44.0	20.66	13.1
2018	143.04	70.40	49.2	42.53	29.7	30.11	21.1
2019	136.92	48.35	35.3	60.63	44.3	27.94	20.4
2020	153.71	63.03	41.0	71.64	46.6	19.04	12.4
2021	178.82	53.15	29.7	99.30	55.5	26.37	14.8

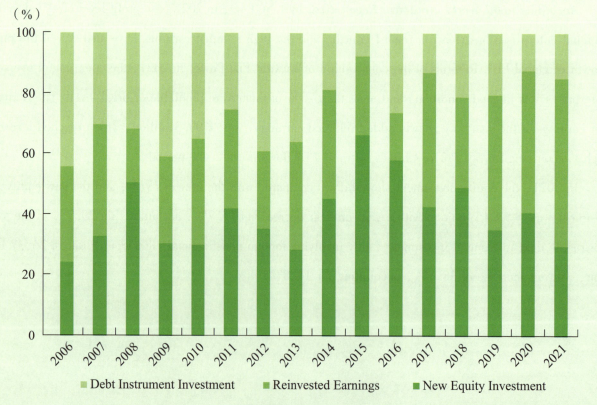

Figure 9   Composition of China's Outward FDI Flows, 2006−2021

2.1.4　80% of the investment went to leasing and business services, wholesale and retail trade, manufacturing, finance and transportation industries.

In 2021, China's outward FDI flows covered 18 industry categories of the national economy. Among them, the investment in **leasing and business services**, **wholesale and retail trade**, **manufacturing**, **finance and transportation/storage and postal services industries** all exceeded $10 billion. Leasing and business services remained the first, while wholesale and retail trade ranked second.

Investment in **the leasing and business services sector** was $49.36 billion, with a 27.5% year-on-year increase, accounting for 27.6% of the total flows of that year, mainly distributed in Hong Kong (China), the Cayman Islands, the British Virgin Islands, Singapore, Australia and other countries (regions).

The wholesale and retail trade sector received $28.15 billion, with a year-on-year increase of 22.4%, accounting for 15.7%. Investment flows mainly went to Hong Kong(China), Singapore, the United States, Macao (China), Germany, Malaysia, the United Kingdom, the Netherlands, Australia, etc.

Investment in **the manufacturing industry** reached $26.87 billion, with an increase of 4% comparing with the previous year, accounting for 15%. Investment mainly flowed to automobile manufacturing, computer/communication and other electronic equipment manufacturing, metal products, special equipment manufacturing, non-ferrous metal smelting and rolling processing, chemical raw materials and chemical products, pharmaceutical manufacturing, other manufacturing, rubber and plastic products, electrical machinery and equipment manufacturing, textile, paper and paper products, general equipment manufacturing, nonmetallic mineral products, food manufacturing, chemical fiber manufacturing, railway/shipbuilding/aerospace and other transportation equipment manufacturing, ferrous metal smelting and rolling processing, furniture manufacturing, etc. Among them, the investment in equipment manufacturing was $14.12 billion, up 18.7% year-on-year, accounting for 52.5% of the investment in manufacturing industry.

Flows to **the financial industry** were $26.8 billion, with a year-on-year decrease of 36.3%, accounting for 15%. In 2021, the direct investment of domestic investors in China's financial industry to overseas financial enterprises reached $25.57 billion, accounting for 95.4%; domestic investors in China's non-financial industry invested $1.23 billion in overseas financial enterprises, accounting for 4.6%.

The transportation/storage and postal services industry received $12.23 billion, with a year-on-year increase of 96.3%, accounting for 6.8%.

The total investments in the above five areas were $143.41 billion, accounting for 80.2% of the total flows.

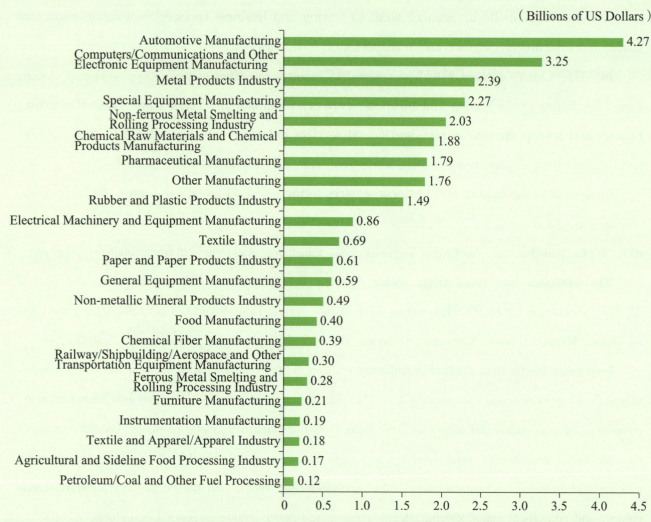

（Billions of US Dollars）

Automotive Manufacturing — 4.27
Computers/Communications and Other Electronic Equipment Manufacturing — 3.25
Metal Products Industry — 2.39
Special Equipment Manufacturing — 2.27
Non-ferrous Metal Smelting and Rolling Processing Industry — 2.03
Chemical Raw Materials and Chemical Products Manufacturing — 1.88
Pharmaceutical Manufacturing — 1.79
Other Manufacturing — 1.76
Rubber and Plastic Products Industry — 1.49
Electrical Machinery and Equipment Manufacturing — 0.86
Textile Industry — 0.69
Paper and Paper Products Industry — 0.61
General Equipment Manufacturing — 0.59
Non-metallic Mineral Products Industry — 0.49
Food Manufacturing — 0.40
Chemical Fiber Manufacturing — 0.39
Railway/Shipbuilding/Aerospace and Other Transportation Equipment Manufacturing — 0.30
Ferrous Metal Smelting and Rolling Processing Industry — 0.28
Furniture Manufacturing — 0.21
Instrumentation Manufacturing — 0.19
Textile and Apparel/Apparel Industry — 0.18
Agricultural and Sideline Food Processing Industry — 0.17
Petroleum/Coal and Other Fuel Processing — 0.12

Figure 10   The Main Secondary Categories of China's Outward FDI Flows in Manufacturing，2021

In addition，investment in **the mining industry** in 2021 was ＄8. 41 billion，with a year-on-year increase of 37. 2%，accounting for 4. 7% of the total flows.

The information transmission/software and information technology services industry received ＄5. 13 billion，with a 44. 2% year-on-year decrease，accounting for 2. 9% of the total flows.

The scientific research and technology services industry received ＄5. 07 billion，up 35. 9% year-on-year，accounting for 2. 8%.

The construction industry received ＄4. 62 billion，with a year-on-year decrease of 42. 9%，accounting for 2. 6%.

Investment in **the production and supply of electricity/heat/gas and water industry** was ＄4. 39 billion，with a year-on-year decrease of 23. 9%，accounting for 2. 5%.

The real estate industry received ＄4. 1 billion, with a 21% year-on-year decrease, accounting for 2. 3%.

The resident services/repairs and other services industry received ＄1. 81 billion, with a year-on-year decrease of 16. 2% , accounting for 1%.

Investments in **the agriculture/forestry/animal husbandry and fishery industry** reached ＄930 million, with a 13. 9% year-on-year decrease, accounting for 0. 5%.

Other industries received ＄0. 95 billion, accounting for 0. 6%.

Table 6   Industrial Distribution of China's Outward FDI Flows, 2021

(Billions of US Dollars)

Industry	Flows	Year-on-Year Growth Rate（%）	Share（%）
Total	178. 82	16. 3	100. 0
Leasing and Business Services	49. 36	27. 5	27. 6
Wholesale and Retail Trade	28. 15	22. 4	15. 7
Manufacturing	26. 87	4. 0	15. 0
Finance	26. 80	36. 3	15. 0
Transportation/Storage and Postal Services	12. 23	96. 3	6. 8
Mining	8. 41	37. 2	4. 7
Information Transmission/Software and Information Technology Services	5. 13	−44. 2	2. 9
Scientific Research and Technical Services	5. 07	35. 9	2. 8
Construction	4. 62	−42. 9	2. 6
Production and Supply of Electricity/Heat/Gas and Water	4. 39	−23. 9	2. 5
Real estate	4. 10	−21. 0	2. 3
Resident Services/Repairs and Other Services	1. 81	−16. 2	1. 0
Agriculture/Forestry/Animal Husbandry and Fishery	0. 93	−13. 9	0. 5
Health and Social Work	0. 34	−46. 9	0. 2
Accommodation and Catering	0. 27	125. 0	0. 2
Water/Environment and Public Facilities Management	0. 22	37. 5	0. 1
Culture/Sports and Entertainment	0. 09	—	0. 1
Education	0. 03	−76. 9	0

2. 1. 5   In addition to the decrease in investment to Europe compared with the previous year, investment to other regions increased to varying degrees.

In 2021, FDI flows to **Asia** were $ 128. 1 billion, up 14% year-on-year, accounting for 71. 6% of the FDI outflows of the year. Among them, investment in Hong Kong (China) was $ 101. 19 billion, with a 13. 5% year-on-year increase, accounting for 79% of investment in Asia; investment in the 10 ASEAN countries amounted to $ 19. 73 billion, with a year-on-year increase of 22. 8%, accounting for 15. 4% of investment in Asia.

Investment in **Latin America** was $ 26. 16 billion, up 57% year-on-year, accounting for 14. 6% of FDI outflows that year. The flows mainly went to the Cayman Islands, the British Virgin Islands, Peru, Argentina, Panama, Mexico, Barbados, Brazil, Chile, etc.

Investment in **North America** was $ 6. 58 billion, with a 3. 8% year-on-year increase, accounting for 3. 7% of FDI flows of the year. Among them, the investment in the United States was $ 5. 58 billion, with a 7. 3% year-on-year decrease; investment in Canada was $ 930 million, with a year-on-year increase of 342. 9%.

Investment in **Africa** reached $ 4. 99 billion, up 18% year-on-year, accounting for 2. 8% of the FDI flows of the year. Flows mainly went to Congo (DRC), Zambia, Guinea, South Africa, Kenya, Niger, Mauritius, Nigeria, Egypt, Algeria, Congo, etc.

Flows to **Oceania** was $ 2. 12 billion, with a year-on-year increase of 46. 2%, accounting for 1. 2% of the FDI outflows that year. It mainly went to Australia, New Zealand, Fiji, Samoa, etc.

FDI flows to **Europe** were $ 10. 87 billion, with a 14. 4% year-on-year decrease, accounting for 6. 1% of the FDI outflows of the year. Most flows went to Germany, the United Kingdom, Switzerland, the Netherlands, Luxembourg, Sweden, Ireland, Serbia, etc.

Table 7 Regional Distribution of China's Outward FDI Flows, 2021

(Billions of US Dollars)

Continent	Amount	Year-on-Year Growth Rate(%)	Share(%)
Asia	128.10	14.0	71.6
Europe	10.87	−14.4	6.1
Africa	4.99	18.0	2.8
North America	6.58	3.8	3.7
Latin America	26.16	57.0	14.6
Oceania	2.12	46.2	1.2
Total	**178.82**	**16.3**	**100.0**

Table 8 Top 20 Countries (Regions) of China's Outward FDI Flows, 2021

(Billions of US Dollars)

Rank	Country (Region)	Flows	Share of Total (%)
1	Hong Kong (China)	101.19	56.6
2	British Virgin Islands	13.97	7.8
3	Cayman Islands	10.75	6.0
4	Singapore	8.41	4.7
5	United States	5.58	3.1
6	Indonesia	4.37	2.5
7	Germany	2.71	1.5
8	Vietnam	2.21	1.2
9	Australia	1.92	1.1
10	United Kingdom	1.90	1.1
11	Switzerland	1.82	1.0
12	Netherlands	1.70	1.0
13	Luxembourg	1.50	0.8
14	Thailand	1.49	0.8
15	Malaysia	1.34	0.8
16	Laos	1.28	0.7
17	Sweden	1.28	0.7
18	Congo (DRC)	1.05	0.6
19	Canada	0.93	0.5
20	United Arab Emirates	0.89	0.5
	Total	**166.29**	**93.0**

2. 1. 6　The investment in countries along the "the Belt and Road" covers a wide range of fields, with a record amount.

At the end of 2021, Chinese domestic investors had set up more than 11 thousand overseas enterprises along "the Belt and Road", involving 18 industry categories of national economy, amounting to ＄24. 15 billion, which has doubled compared with 2012. There is a 7. 1% year-on-year increase, accounting for 13. 5% of China's outward FDI flows in the same period. In terms of industry composition, investment in manufacturing was ＄9. 43 billion, up 22. 8% year-on-year, accounting for 39%; flows to the wholesale and retail trade industry amounted to ＄3. 33 billion, accounting for 13. 8%; the construction received ＄2. 41 billion, accounting for 10%; investment in leasing and business services was ＄2. 29 billion, accounting for 9. 5%; the production and supply of electricity, heat, gas and water industry received ＄1. 85 billion, accounting for 7. 7%; ＄1. 66 billion went to the transportation, storage and postal services, accounting for 6. 9%; flows to financial industry were ＄1. 39 billion, accounting for 5. 6%; resident services, repairs and other services received ＄600 million, accounting for 2. 5%; the scientific research and technical services received ＄540 million, accounting for 2. 2%. From the perspective of country composition, flows mainly went to Singapore, Indonesia, Vietnam, Thailand, Malaysia, Laos, United Arab Emirates, Kazakhstan, Pakistan, Saudi Arabia, etc. From 2013 to 2021, China's FDI flows to countries along the "Belt and Road" totaled ＄164. 0 billion.

2. 1. 7　Nearly 60% of the investment came from local enterprises, and the investment of central enterprises and units increased by 30%.

In 2021, the non-financial outward direct investment by central enterprises and units was ＄64. 29 billion, with a 30. 7% year-on-year increase, accounting for 42. 3% of the national non-financial flows. Over 60% of investment comes from reinvested earnings. The outward direct investment of local enterprises reached ＄87. 73 billion, with a year-on-year increase of 3. 4%; accounting for 57. 7%. Among them, outflows from the eastern region reached ＄71. 81 billion, up 0. 6% year-on-year, accounting for 81. 9% of the local investment outflows; ＄10. 03 billion was from the central region, up 44. 6% year-on-year and accounting for 11. 4%; outflows from the western region amounted to ＄4. 51 billion, with a year-on-year decrease of 23. 8%, accounting for 5. 1%; outflows from the three northeast provinces reached ＄1. 38 billion, up 126. 2% and accounting for 1. 6%. Guangdong, Zhejiang, Shanghai, Jiangsu, Beijing, Shandong, Fujian, Anhui, Hebei and Tianjin ranked the top 10 in terms of outward direct

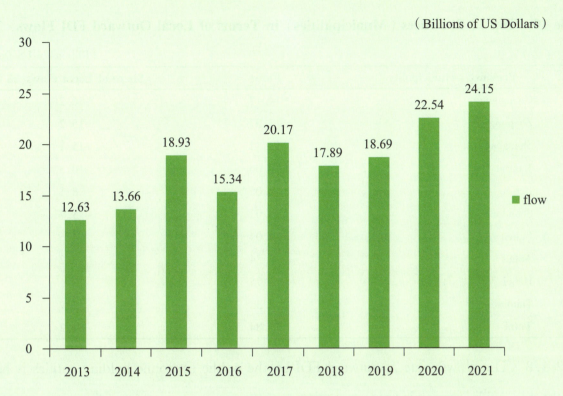

（Billions of US Dollars）

Figure 11　China's Outward FDI Flows to Countries along "the Belt and Road"，2013−2021

investment flows, with a total of ＄73.84 billion, accounting for 84.2% of the local outward direct investment flows. Shenzhen's FDI outflows reached ＄8.72 billion, ranking first among the cities separately listed on the state plan, accounting for 61.5% of the outward FDI of Guangdong.

Table 9　Regional Distribution of China's Local Outward FDI Flows，2021

（Billions of US Dollars）

Region	Flows	Share（%）	Year-on-Year Growth Rate（%）
Eastern Region	71.81	81.9	0.6
Central Region	10.03	11.4	44.6
Western Region	4.51	5.1	−23.8
Three Northeast Provinces	1.38	1.6	126.2
Total	**87.73**	**100.0**	**3.4**

Note：1. The eastern region includes Beijing, Tianjin, Hebei, Shanghai, Jiangsu, Zhejiang, Fujian, Shandong, Guangdong and Hainan.
　　2. The central region includes Shanxi, Anhui, Jiangxi, Henan, Hubei and Hunan.
　　3. The western region includes Inner Mongolia, Guangxi, Sichuan, Chongqing, Guizhou, Yunnan, Shaanxi, Gansu, Qinghai, Ningxia, Xinjiang and Tibet.
　　4. The three northeast province includes Heilongjiang, Jilin and Liaoning.

Table 10　Top 10 Provinces（Municipalities）in Terms of Local Outward FDI Flows，2021

（Billions of US Dollars）

No.	Province（Municipality）	Flows	Share of Local Flows（%）
1	Guangdong	14. 17	16. 2
2	Zhejiang	13. 37	15. 2
3	Shanghai	13. 22	15. 1
4	Jiangsu	9. 06	10. 3
5	Beijing	7. 05	8. 1
6	Shandong	5. 02	5. 7
7	Fujian	4. 04	4. 6
8	Anhui	2. 84	3. 2
9	Hebei	2. 75	3. 1
10	Tianjin	2. 32	2. 7
	Total	**73. 84**	**84. 2**

2.1.8　The growth rate of outward FDI by the public economic holding entities is higher than the non-public economic holding entities.

Among China's outward non-financial investment flows in 2021，domestic investors with non-public economic holdings invested ＄69. 9 billion，with a year-on-year increase of 4. 1%. The amount accounted for 46% of the outward non-financial investment flows，which is 4. 1 percentage points lower than the previous year. Outward investment by public economic holding entities was ＄82. 12 billion，with an increase of 22. 8% year-on-year，accounting for 54%.

2.2　China's Outward FDI Stock by the End of 2021

2.2.1　The global ranking and share of China's outward FDI stock.

By the end of 2021，China's outward FDI stock had reached ＄2785. 15 billion，with an increase of ＄204. 49 billion compared with the end of the previous year[⑥]，which was 93. 1 times that of the end of 2002. The share of global outward FDI stock increased from 0. 4% in 2002 to 6. 7% and the ranking climbed from 25th to 3rd，only inferior to the United States（＄9. 8 trillion）and the Netherlands（＄3. 4 trillion）. In terms of stock size，there was a big gap between China and the United States，only equivalent to 28. 4% of the United States.

---

⑥　In 2021，the stock of outward investment by some Chinese natural persons was added.

Figure 12   China's Outward FDI Stock, 2002–2021

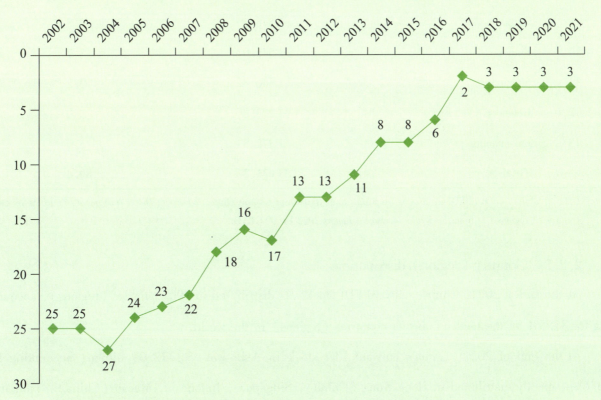

Figure 13   Global Rankings of China's Outward FDI Stock, 2002–2021

Table 11 Countries（Regions）with FDI Stock Exceeding ＄1 Trillion,

by the End of 2021

（Billions of US Dollars）

Ranking	Countries（Regions）	Stock by the End of 2021	Share of the World（%）
1	United States	9 813. 5	23. 5
2	Netherlands	3 356. 9	8. 0
3	China	2 785. 2	6. 7
4	Canada	2 285. 3	5. 5
5	United Kingdom	2 166. 4	5. 2
6	Germany	2 141. 3	5. 1
7	Hong Kong（China）	2 082. 3	5. 0
8	Japan	1 983. 9	4. 7
9	Switzerland	1 578. 5	3. 8
10	France	1 545. 0	3. 7
11	Singapore	1 346. 4	3. 2
12	Ireland	1 273. 8	3. 0
13	Luxembourg	1 272. 8	3. 0
	Total	**33 631. 3**	**80. 4**

Note：Data on China's outward FDI in 2021 is from *Statistical Bulletin of China's Outward Foreign Direct Investment*, and data on other countries（regions）is from *the World Investment Report* 2022 by UNCTAD.

2. 2. 2 Country（region）distribution.

At the end of 2021, China's outward FDI stock was distributed in 190 countries（regions）, accounting for 81. 5% of the total number of countries（regions）in the world.

At the end of 2021, China's outward FDI stock in **Asia** was ＄1772. 01 billion, accounting for 63. 6%, mainly distributed in Hong Kong（China）, Singapore, Indonesia, Macao（China）, Vietnam, Malaysia, Laos, Thailand, United Arab Emirates, Kazakhstan, Pakistan, Cambodia, etc.; Hong Kong （China）accounted for 87. 5% of the stock in Asia.

The stock in **Latin America** was ＄693. 74 billion, accounting for 25%, mainly distributed in the British Virgin Islands, the Cayman Islands, Brazil, Peru, Argentina, Bahamas, Mexico, Chile, Jamai-

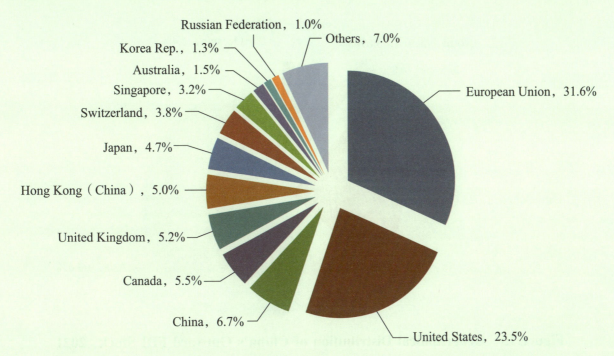

Figure 14 Proportions of Outward FDI Stock of Global Major Economies，

by the End of 2021

ca，Panama，Venezuela，Ecuador，etc. Among them，the total stock in the British Virgin Islands and the Cayman Islands amounted to ＄677 billion，accounting for 97. 6% of the total FDI stock in Latin America.

The stock in **Europe** was ＄134. 79 billion，accounting for 4. 8%，mainly distributed in the Netherlands，United Kingdom，Luxembourg，Sweden，Germany，Russian Federation，Switzerland，France，Italy，Ireland，Spain，Georgia，etc. At the end of 2021，the FDI stock in 17 Central and Eastern European countries were ＄3. 02 billion，accounting for 2. 2% of the total investment in Europe.

The stock in **North America** was ＄100. 23 billion，accounting for 3. 6%，mainly distributed in the United States and Canada.

The stock in **Africa** was ＄44. 19 billion，accounting for 1. 6%，mainly distributed in South Africa，Congo（DRC），Zambia，Ethiopia，Angola，Nigeria，Kenya，Algeria，Zimbabwe，Tanzania，Niger，Egypt，Mozambique，Sudan，Ghana，etc.

The stock in **Oceania** was ＄40. 19 billion，accounting for 1. 4%，mainly distributed in Australia，New Zealand，Papua New Guinea，Samoa，Republic of the Marshall Islands，Fiji，etc.

Nearly 90% of China's outward FDI stock was distributed in developing economies. At the end of 2021，China's investment stock in developing economies reached ＄2498. 38 billion，accounting for 89. 7%，of which the stock in Hong Kong（China）amounted to ＄1549. 66 billion，accounting for 62%

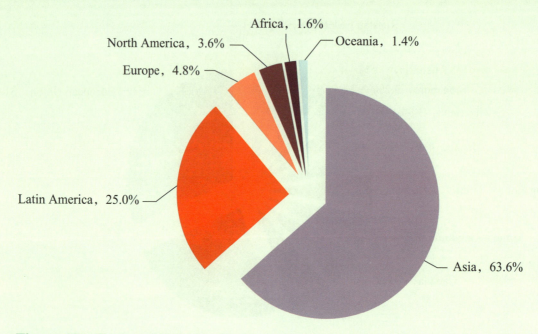

Figure 15　Geographical Distribution of China's Outward FDI Stock，2021

of the investment stock in developing economies；the stock in ASEAN reached ＄140.28 billion，accounting for 5.6%．

At the end of 2021，China's outward FDI stock in developed economies reached ＄286.77 billion，accounting for 10.3%．Among them，the stock in EU was ＄95.9 billion，accounting for 33.5% of the total investment stock in developed economies；the United States received ＄77.17 billion，accounting for 26.9%；Australia received ＄34.43 billion，accounting for 12%；the United Kingdom received ＄19.01 billion，accounting for 6.6%；Canada received ＄13.79 billion，accounting for 4.8%；Russia received ＄10.64 billion，accounting for 3.7%；Switzerland received ＄6.95 billion，accounting for 2.4%；Republic of Korea received ＄6.6 billion，accounting for 2.3%；Japan received ＄4.88 billion，accounting for 1.7%；Israel received ＄3.45 billion，accounting for 1.2%；New Zealand received ＄3.13 billion，accounting for 1.1%．

Table 12　China's Outward FDI Stock in Developed Countries (Regions), by the End of 2021

(Billions of US Dollars)

Economy	Stock	Share (%)
European Union	95. 90	33. 5
United States	77. 17	26. 9
Australia	34. 43	12. 0
United Kingdom	19. 01	6. 6
Canada	13. 79	4. 8
Russia	10. 64	3. 7
Bermuda	9. 26	3. 2
Switzerland	6. 95	2. 4
Republic of Korea	6. 60	2. 3
Japan	4. 88	1. 7
Israel	3. 45	1. 2
New Zealand	3. 13	1. 1
Other countries (regions)	1. 56	0. 6
Total	**286. 77**	**100. 0**

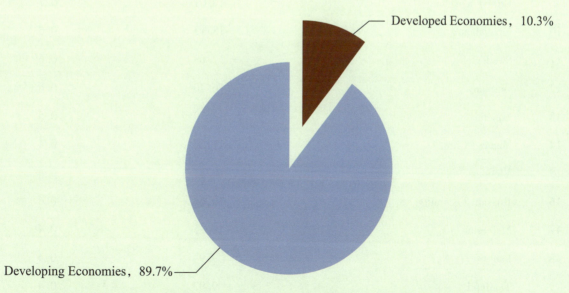

Developed Economies，10.3%

Developing Economies，89.7%

Figure 16　Composition of China's Outward FDI Stock in Economies, by the End of 2021

At the end of 2021, the stock in the top 20 countries (regions) in terms of China's outward FDI stock totaled $2611.48 billion, which accounted for 93.8% of China's outward FDI stock. They are Hong Kong (China), the British Virgin Islands, the Cayman Islands, the United States, Singapore, Australia, the Netherlands, Indonesia, the United Kingdom, Luxembourg, Sweden, Germany, Canada, Macao (China), Vietnam, the Russian Federation, Malaysia, Laos, Thailand, and United Arab Emirates.

Table 13　Top 20 Countries (Regions) as Destinations of China's Outward FDI Stock, by the End of 2021

(Billions of US Dollars)

No.	Country (Region)	Stock	Share (%)
1	Hong Kong (China)	1 549. 66	55. 6
2	British Virgin Islands	447. 48	16. 1
3	Cayman Islands	229. 53	8. 2
4	United States	77. 17	2. 8
5	Singapore	67. 20	2. 4
6	Australia	34. 43	1. 2
7	Netherlands	28. 49	1. 0
8	Indonesia	20. 08	0. 7
9	United Kingdom	19. 01	0. 7
10	Luxembourg	18. 13	0. 6
11	Sweden	17. 03	0. 6
12	Germany	16. 70	0. 6
13	Canada	13. 79	0. 5
14	Macao (China)	11. 24	0. 4
15	Vietnam	10. 85	0. 4
16	Russian Federation	10. 64	0. 4
17	Malaysia	10. 35	0. 4
18	Laos	9. 94	0. 4
19	Thailand	9. 92	0. 4
20	United Arab Emirates	9. 84	0. 4
	Total	**2 611. 48**	**93. 8**

At the end of 2021, China's outward FDI stock in countries along "the Belt and Road" amounted to $213.84 billion, accounting for 7.7% of China's outward FDI stock. The top ten countries in terms of the stock were Singapore, Indonesia, Vietnam, Russian Federation, Malaysia, Laos, Thailand, United Arab Emirates, Kazakhstan and Pakistan.

2.2.3　Industrial distribution.

（1）**Distribution in national economy industries.**

By the end of 2021, China's outward FDI covered all sectors of the national economy, and there were six industries with a stock size of over $100 billion.

The leasing and business services sector topped the list with $1115.24 billion, accounting for 40% of China's outward FDI stock, including foreign investment activities focusing on investment holding, which were mainly distributed in Hong Kong(China), the British Virgin Islands, the Cayman Islands, Singapore, the United States, Australia, the United Kingdom, Luxembourg, etc.

The wholesale and retail trade sector ranked second with $369.58 billion, accounting for 13.3%.

The financial industry received $300.35 billion, accounting for 10.8%.

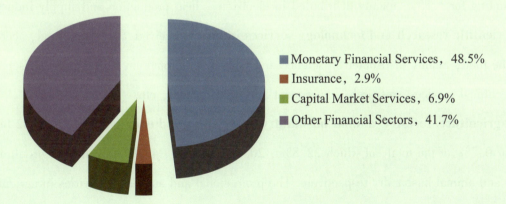

Monetary Financial Services, 48.5%
Insurance, 2.9%
Capital Market Services, 6.9%
Other Financial Sectors, 41.7%

**Figure 17　Composition of China's Outward FDI Stock in the Financial Sector,
by the End of 2021**

The manufacturing industry received $263.26 billion, accounting for 9.5%. The stock were mainly distributed in automobile manufacturing, computer, communications and other electronic equipment manufacturing, special equipment manufacturing, other manufacturing, pharmaceutical manufacturing, food manufacturing, etc. Among them, the stock in the automobile manufacturing industry was $65.17 billion, accounting for 24.8% of the investment stock in the manufacturing industry.

The mining industry received ＄181. 51 billion, accounting for 6. 5%. The stock was mainly distributed in oil and natural gas mining, non-ferrous metal mining, ferrous metal mining, coal mining, etc.

The information transmission/software and information technology services sector received ＄160. 23 billion, accounting for 5. 8%, and was the area with high concentration from outward investment by Chinese natural persons.

The total stock in the above six industries were ＄2390. 17 billion, accounting for 85. 8% of China's outward FDI stock. The distribution of other major industries was as follows：

The real estate industry received ＄92. 92 billion, accounting for 3. 3%.

The transportation/storage and postal services sector received ＄91. 72 billion, accounting for 3. 3%, mainly distributed in water transportation, multimodal transportation and transportation agency, transportation, storage and postal services, air transportation, etc.

The construction industry received ＄55. 07 billion, accounting for 2% of the total investment, mainly distributed in civil engineering, housing construction, construction installation, building decoration and other construction industries.

The production and supply of electricity/heat/gas and water industry received ＄50. 49 billion, accounting for 1. 8%, mainly distributed in electricity, heat production and supply industry.

The scientific research and technology services industry received ＄45. 08 billion, accounting for 1. 6% of the total, mainly distributed in science and technology promotion and application services, professional technical services, research, experiment and development, etc.

The agriculture/forestry/animal husbandry and fishery industry received ＄18. 82 billion, accounting for 0. 7% of the total, of which 22. 8%, 20. 4%, 8. 6%, 4. 4% fell under agriculture, forestry, fishery and animal husbandry respectively. The professional and auxiliary activities in agriculture, forestry, animal husbandry, and fishery accounted for 39. 5%.

The resident services/repairs and other services sector received ＄14. 61 billion, accounting for 0. 5%. Most of the stock was in other services and resident services.

The culture/sports and entertainment sector received ＄12. 01 billion, accounting for 0. 4% of the total.

The accommodation and catering industry received ＄4. 91 billion, accounting for 0. 2% of the total.

The health and social work sector received ＄3. 77 billion, accounting for 0. 1%.

The water conservancy/environment and public facility management sector received $2.85 billion, accounting for 0.1%.

The education sector received $2.73 billion, accounting for 0.1% of the total.

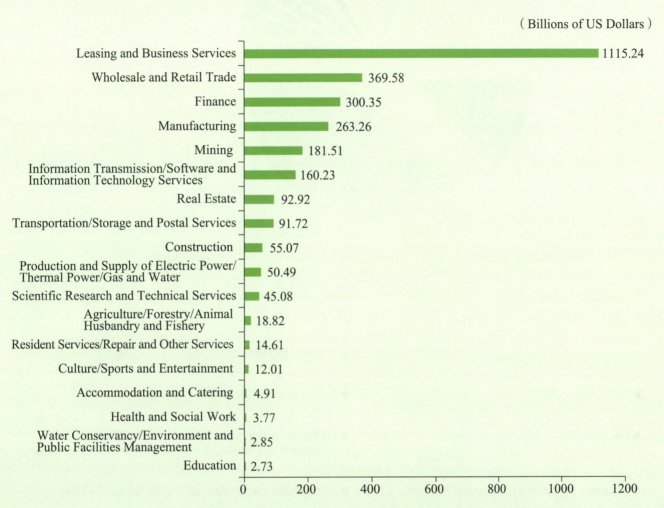

（Billions of US Dollars）

Leasing and Business Services	1115.24
Wholesale and Retail Trade	369.58
Finance	300.35
Manufacturing	263.26
Mining	181.51
Information Transmission/Software and Information Technology Services	160.23
Real Estate	92.92
Transportation/Storage and Postal Services	91.72
Construction	55.07
Production and Supply of Electric Power/Thermal Power/Gas and Water	50.49
Scientific Research and Technical Services	45.08
Agriculture/Forestry/Animal Husbandry and Fishery	18.82
Resident Services/Repair and Other Services	14.61
Culture/Sports and Entertainment	12.01
Accommodation and Catering	4.91
Health and Social Work	3.77
Water Conservancy/Environment and Public Facilities Management	2.85
Education	2.73

Figure 18   Industrial Distribution of China's Outward FDI Stock,

by the End of 2021

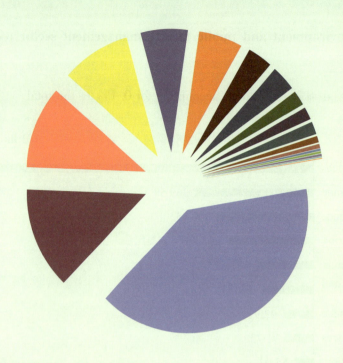

- Leasing and Business Services，40.0%
- Wholesale and Retail Trade，13.3%
- Finance，10.8%
- Manufacturing，9.5%
- Mining，6.5%
- Information Transmission/Software and Information Technology Services，5.8%
- Real Estate，3.3%t
- Transportation/Storage and Postal Services，3.3%
- Construction，2.0%
- Production and Supply of Electric Power/Thermal Power/Gas and Water，1.8%
- Scientific Research and Technical Services，1.6%
- Agriculture/Forestry/Animal Husbandry and Fishery，0.7%
- Resident Services/Repair and Other Services，0.5%
- Culture/Sports and Entertainment，0.4%
- Accommodation and Catering，0.2%
- Health and Social Work，0.1%
- Water Conservancy/Environment and Public Facilities Management，0.1%
- Education，0.1%

Figure 19　Industrial Weightings of China's Outward FDI Stock，

by the End of 2021

According to the distribution of industries in different regions，China's outward FDI in various regions is highly concentrated.

Table 14 Top 5 Industries of China's Outward FDI Stocks in Each Continent,

by the End of 2021

(Billions of US Dollars)

Continent	Industry	Stock	Share (%)
Asia	Leasing and Business Services	757. 70	42. 7
	Wholesale and Retail Trade	273. 46	15. 4
	Finance	210. 06	11. 9
	Manufacturing	135. 70	7. 7
	Mining	88. 94	5. 0
	Subtotal	**1 465. 86**	**82. 7**
Africa	Construction	16. 34	37. 0
	Mining	9. 99	22. 6
	Manufacturing	5. 93	13. 4
	Finance	4. 20	9. 5
	Leasing and Business Services	2. 04	4. 6
	Subtotal	**38. 50**	**87. 1**
Europe	Manufacturing	41. 05	30. 5
	Mining	23. 72	17. 6
	Finance	20. 82	15. 4
	Leasing and Business Services	12. 64	9. 4
	Real Estate	6. 86	5. 1
	Subtotal	**105. 09**	**78. 0**
Latin America	Leasing and Business Services	327. 73	47. 2
	Information Transmission/Software and Information Technology Services	109. 21	15. 7
	Wholesale and Retail Trade	79. 59	11. 5
	Manufacturing	50. 65	7. 3
	Finance	43. 98	6. 3
	Subtotal	**611. 16**	**88. 0**
North America	Manufacturing	25. 98	25. 9
	Mining	19. 58	19. 5
	Finance	17. 38	17. 3
	Leasing and Business Services	9. 73	9. 7
	Wholesale and Retail Trade	7. 45	7. 4
	Subtotal	**80. 12**	**79. 8**
Oceania	Mining	17. 09	42. 5
	Leasing and Business Services	5. 40	13. 4
	Manufacturing	3. 95	9. 8
	Finance	3. 91	9. 7
	Real Estate	3. 02	7. 5
	Subtotal	**33. 37**	**82. 9**

（2）Distribution in three industries.

At the end of 2021, 80% of China's outward FDI stock was concentrated in the tertiary industry (i. e. service industry), with the amount of ＄2229. 17 billion, mainly distributed in the leasing and business services, wholesale and retail trade sector, finance, information transmission/software and information technology services, real estate, transportation/storage, etc. The secondary industry received ＄544. 6 billion, accounting for 19. 6% of China's outward FDI stock. Among them, the manufacturing industry (excluding metal products, machinery and equipment repair industry) received ＄263. 11 billion, accounting for 48. 3% of the secondary industry; the mining industry (excluding mining auxiliary activities) received ＄175. 93 billion, accounting for 32. 3%; the construction industry received ＄55. 07 billion, accounting for 10. 1%; the production and supply of electricity/heat/gas and water sector received ＄50. 49 billion, accounting for 9. 3%. The primary industry (the agriculture/forestry/animal husbandry and fishery industry, but excluding agriculture/forestry/animal husbandry and fishery services) received ＄11. 38 billion, accounting for 0. 4% of China's outward FDI stock.

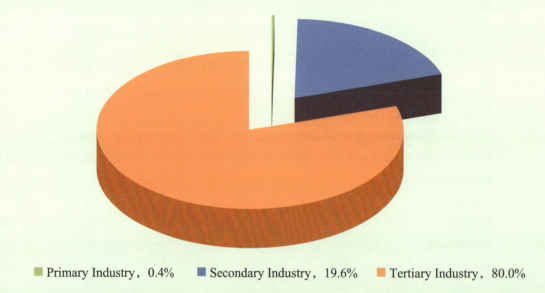

■ Primary Industry, 0.4%　　■ Secondary Industry, 19.6%　　■ Tertiary Industry, 80.0%

Figure 20　Industrial Distribution of China's Outward FDI Stock in Three Industries, by the End of 2021

2. 2. 4　Classified by types of industrial and commercial administration registration of domestic investors.

At the end of 2021, among the ＄2484. 8 billion non-financial outward FDI stock, state-owned enterprises accounted for 51. 6%; non-state enterprises accounted for 48. 4%, including 10. 2% of incorporated companies, 6. 1% of self-employed companies, 6. 1% of private enterprises, 2. 9% of foreign-invested enterprises, 1. 6% of Hong Kong, Macao and Taiwan-invested enterprises, 1. 5% of limited liability companies, 0. 4% of joint-stock cooperative enterprises and 0. 4% of collective enterprises, others accounted for 19. 2%.

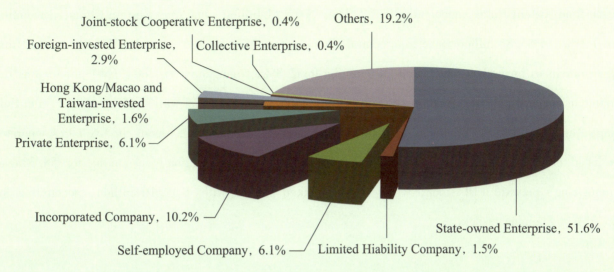

Figure 21   Distribution of China's Non-financial Outward FDI Stock, by Registration Types of Domestic Investor, by the End of 2021

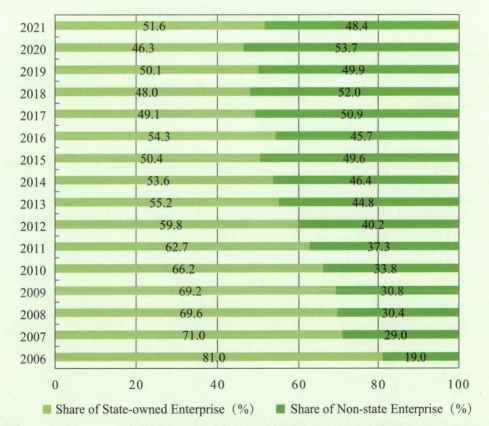

Figure 22   Proportions of State-owned Enterprises and Non-state Enterprises in China's Outward FDI Stock, 2006−2021

2.2.5 Distribution of provinces and cities

At the end of 2021, non-financial outward FDI stock by local enterprises reached $850.45 billion, accounting for 34.2% of China's total non-financial outward FDI stock. Among them, $699.69 billion came from eastern China, accounting for 82.3%; $67.11 billion came from western China, accounting for 7.9%; $63.86 billion came from central China, accounting for 7.5%; $19.79 billion came from three provinces in northeastern China, accounting for 2.3%. Guangdong was the largest province as the source of outward FDI stock with $165.72 billion, followed by Shanghai with $151.5 billion, and Beijing, Zhejiang, Jiangsu, Shandong, Fujian, Tianjin, Anhui, Henan, etc. Among the five cities separately listed on the state plan, Shenzhen ranked first with $96.57 billion, accounting for 58.3% of Guangdong's outward FDI stock, while Ningbo ranked second with $19.16 billion, accounting for 23.3% of Zhejiang's stock.

Table 15   Top 10 Provinces（Municipalities）as Sources of China's Outward FDI Stock, by the End of 2021

(Billions of US Dollars)

No.	Province（Municipality）	Stock
1	Guangdong	165.72
2	Shanghai	151.50
3	Beijing	95.88
4	Zhejiang	82.31
5	Jiangsu	68.54
6	Shandong	57.88
7	Fujian	25.54
8	Tianjin	24.06
9	Anhui	17.64
10	Henan	16.56
	Total（accounting for 83% of China's local outward FDI stock）	**705.63**

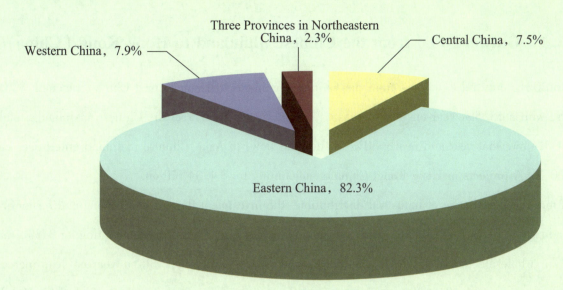

Figure 23 Regional Weightings of China's Outward FDI Stock by Local Enterprises, by the End of 2021

3. China's Outward FDI to Major Economies in the World

Table 16 China's Outward FDI to Major Economies in the World, 2021

(Billions of US Dollars)

Economy	Flows			Stock	
	Amount	Year-on-Year Growth Rate (%)	Share (%)	Amount	Share (%)
Hong Kong (China)	101. 19	13. 5	56. 6	1 549. 66	55. 7
ASEAN	19. 73	22. 8	11. 0	140. 28	5. 0
European Union	7. 86	−22. 2	4. 4	95. 90	3. 4
United States	5. 58	−7. 2	3. 1	77. 17	2. 8
Australia	1. 92	60. 3	1. 1	34. 43	1. 2
Total	**136. 28**	**11. 2**	**76. 2**	**1 897. 44**	**68. 1**

3. 1　Outward FDI from the Chinese Mainland to Hong Kong (China)

In 2021, outward FDI flows from the Chinese mainland to Hong Kong (China) reached ＄101. 19 billion, with a 13. 5% year-on-year increase, accounting for 56. 6% of the Chinese mainland's total outward FDI flows that year and nearly 80% of the total flows to Asia. Chinese mainland enterprises carried out 100 M&A projects in Hong Kong(China), amounting to ＄4. 34 billion.

From the perspective of industrial distribution, the investment flows to the leasing and business services industry were ＄37. 39 billion, with a year-on-year increase of 23. 5%, accounting for 37%, ranking first; the wholesale and retail trade sector received ＄21. 82 billion, with a year-on-year increase of 26. 2%, accounting for 21. 6%, ranking second; flows to the financial industry reached ＄13. 18 billion, with a year-on-year decrease of 5%, accounting for 13%; the transportation, storage and postal services industry received ＄8. 86 billion, with a year-on-year increase of 140%, accounting for 8. 8%; the manufacturing industry received ＄6. 23 billion, with a year-on-year decrease of 2. 8%, accounting for 6. 2%; the real estate industry received ＄4. 15 billion, with a year-on-year decrease of 9. 8%, accounting for 4. 1%; the mining industry received ＄4. 1 billion, with a year-on-year increase of 73. 6%, accounting for 4%.

By the end of 2021, the Chinese mainland had established nearly 15 thousand FDI enterprises in Hong Kong (China), with a stock of ＄1549. 66 billion, accounting for more than half of the Chinese mainland's total outward FDI stock and 87. 5% of the stock in Asia. In terms of industrial distribution, the leasing and business services sector received ＄733. 37 billion, accounting for 47. 3% of the total; the wholesale and retail trade sector received ＄247. 17 billion, accounting for 16%; the financial sector received ＄185. 3 billion, accounting for 12%; the manufacturing industry received ＄81. 54 billion, accounting for 5. 3%; the real estate industry received ＄73. 17 billion, accounting for 4. 7%; the mining industry received ＄71. 94 billion, accounting for 4. 6%; the transportation/storage and postal services industry received ＄56. 79 billion, accounting for 3. 7%; the information transmission/software and information technology service industry received ＄37. 16 billion, accounting for 2. 4%; the production and supply of electricity/heat/gas and water sector received ＄22. 07 billion, accounting for 1. 4%; the construction industry received ＄9. 12 billion, accounting for 0. 6%; the resident services/repairs and other services sector received ＄9. 01 billion, accounting for 0. 6%; the scientific research and technical services sector received ＄8. 14 billion, accounting for 0. 5%; the culture/sports and entertainment industry accounted for 0.4% ; agriculture/forestry/animal husbandy and fishery accounted for 0.2% ; health and social work accounted for 0.1% ; others accounted for 0.2%.

Table 17 Industrial Distribution of Outward FDI from the Chinese Mainland to Hong Kong（China）, 2021

（Millions of US Dollars）

Industry	Flows	Share（%）	Stock	Share（%）
Leasing and Business Services	37 392.71	37.0	733 371.27	47.3
Wholesale and Retail Trade	21 819.81	21.6	247 172.26	16.0
Finance	13 183.59	13.0	185 300.73	12.0
Manufacturing	6 234.67	6.2	81 535.62	5.3
Real Estate	4 151.16	4.1	73 168.53	4.7
Mining	4 097.53	4.0	71 939.30	4.6
Transportation/Storage and Postal Services	8 862.45	8.8	56 787.18	3.7
Information Transmission/Software and Information Technology Services	1 802.82	1.8	37 161.10	2.4
Production and Supply of Electricity/Heat/Gas and Water	1 364.00	1.3	22 068.73	1.4
Construction	157.75	0.2	9 123.90	0.6
Resident Services/Repairs and Other Services	340.14	0.3	9 008.26	0.6
Scientific Research and Technical Services	1 113.37	1.1	8 138.94	0.5
Culture/Sports and Entertainment	17.92	0.0	6 830.30	0.4
Agriculture/Forestry/Animal Husbandry and Fishery	29.14	0.0	3 043.33	0.2
Health and Social Work	616.18	0.6	1 995.31	0.1
Others	7.63	0.0	3 012.88	0.2
Total	**101 190.87**	**100.0**	**1 549 657.64**	**100.0**

3. 2 China's Outward FDI in ASEAN

In 2021, China's outward FDI flows to ASEAN amounted to ＄19. 73 billion, with a year-on-year increase of 22. 8％, accounting for 11％ of the total flows of the year and 15. 4％ of the total flows to Asia. The year-end stock was ＄140. 28 billion, accounting for 5％ of the total stock and 7. 9％ of the stock in Asia. By the end of 2021, China had set up more than 6. 2 thousand FDI enterprises in ASEAN, employing more than 580 thousand foreign employees.

In terms of the industrial distribution of China's outward FDI flows, the first target industry for investment was manufacturing industry which received ＄8. 62 billion, with a year-on-year growth of 36％ and accounting for 43. 7％ of the total, mainly to Indonesia, Vietnam, Thailand and Singapore. The wholesale and retail trade sector ranked second with ＄3. 17 billion, with a year-on-year increase of 98. 5％, accounting for 16. 1％, mainly flowing to Singapore. The leasing and business services sector ranked third with ＄2. 15 billion, with a year-on-year increase of 25. 9％, accounting for 10. 9％, mainly to Singapore. Flows to the production and supply of electricity/heat/gas and water industry increased by 1. 2％ to ＄1. 45 billion, accounting for 7. 4％, mainly to Singapore, Malaysia, Vietnam and Indonesia. The transportation/storage, and postal services industry received ＄1. 03 billion, with a year-on-year increase of 23. 2％, accounting for 5. 2％, mainly to Laos and Singapore. The financial industry received ＄650 million, with a year-on-year decrease of 14. 9％, accounting for 3. 3％, mainly flowing to Singapore. The resident services/repairs and other services sector received ＄600 million, with a year-on-year increase of 139. 5％, accounting for 3. 1％, mainly to Singapore. Flows to the construction industry reached ＄580 million, with a 65％ year-on-year decrease, accounting for 3％, mainly to Singapore, Cambodia and Indonesia. Flows to the mining industry reached ＄540 million, accounting for 2. 7％, mainly to Singapore and Indonesia, while the flows in the previous year were negative. The information transmission/software and information technology service industry received ＄400 million, with a year-on-year decrease of 38. 7％, accounting for 2％, mainly flowing to Singapore.

In terms of the country distribution of China's outward FDI flows, Singapore ranked first with ＄8. 41 billion, with a year-on-year increase of 41. 9％, accounting for 42. 6％ of the total flows to ASEAN, mainly invested in wholesale and retail trade sector, leasing and business services industry, manufacturing industry, production and supply of electricity/heat/gas and water industry, etc.; followed by Indonesia with ＄4. 37 billion, with a year-on-year increase of 98. 9％, accounting for 22. 2％, mainly invested in manufacturing, leasing and business services industry, production and supply of electricity/heat/gas and water industry, etc. Vietnam ranked third with $2.21 billion, with a year-on-year increase of 17.7%, accounting for 11.2%, mainly invested in manufacturing industry, production and supply of electricity/heat/gas and water industry, etc.

In terms of the industrial structure of China's outward FDI stock, $41.76 billion was invested in manufacturing, accounting for 29.8%, mainly distributed in Indonesia, Singapore, Vietnam, Thailand, Malaysia, etc. The leasing and business services industry received $22.44 billion, accounting for 16%, mainly distributed in Singapore, Indonesia, etc. The wholesale and retail trade sector received $20.56 billion, accounting for 14.6%, mainly distributed in Singapore, Malaysia, Thailand, etc. The production and supply of electricity/heat/gas and water sector received $14.18 billion, accounting for 10.1%, mainly distributed in Singapore, Indonesia, Malaysia, Myanmar, Vietnam, etc. The construction industry received $10.08 billion, accounting for 7.2%, mainly distributed in Indonesia, Cambodia, Singapore, Laos, Malaysia, etc. The financial industry received $7.63 billion, accounting for 5.4%, mainly distributed in Singapore, Thailand, Indonesia, Malaysia, etc. The transportation, storage and postal services industry received $6.44 billion, accounting for 4.6%, mainly distributed in Singapore, Laos, etc. The agriculture/forestry/animal husbandry and fishery sector received $5.28 billion, accounting for 3.8%, mainly distributed in Laos, Singapore, Indonesia, Cambodia, etc. The mining industry received $4.07 billion, accounting for 2.9%, mainly distributed in Indonesia, Myanmar, Laos, Singapore, etc. The information transmission/software and information technology service industry received $2.5 billion, accounting for 1.8%, mainly distributed in Singapore. The real estate industry received $1.58 billion, accounting for 1.1%, mainly distributed in Singapore, Laos, Indonesia, etc.

In terms of stock, China's outward FDI stock in Singapore ranked first, reaching $67.2 billion, accounting for 47.9% of the total investment in ASEAN, mainly distributed in the leasing and business services industry, wholesale and retail trade sector, manufacturing and finance; followed by Indonesia with $20.08 billion, accounting for 14.3%, mainly distributed in manufacturing, production and supply of electricity/heat/gas and water industry and construction. Vienam ranked third with $10.85 billion, accounting for 7.7%, mainly invested in manufacturing, production and supply of electricity/heat/gas and water industry, construction, and leasing and business services industry.

Table 18　Major Industries of China's Outward FDI to ASEAN, 2021

（Millions of US Dollars）

Industry	Flows	Share（%）	Stock	Share（%）
Manufacturing	8 620. 11	43. 7	41 764. 76	29. 8
Leasing and Business Services	2 145. 41	10. 9	22 441. 20	16. 0
Wholesale and Retail Trade	3 173. 09	16. 1	20 560. 82	14. 6
Production and Supply of Electricity/Heat/Gas and Water	1 452. 56	7. 4	14 178. 15	10. 1
Construction	584. 95	3. 0	10 075. 59	7. 2
Finance	650. 05	3. 3	7 630. 49	5. 4
Transportation/Storage and Postal Services	1 026. 99	5. 2	6 444. 70	4. 6
Agriculture/Forestry/Animal Husbandry and Fishery	298. 69	1. 5	5 279. 11	3. 8
Mining	540. 83	2. 7	4 068. 29	2. 9
Information Transmission/Software and Information Technology Services	402. 02	2. 0	2 497. 43	1. 8
Real Estate	−100. 39	−0. 5	1 578. 35	1. 1
Resident Services/Repairs and Other Services	602. 70	3. 1	1 343. 10	0. 9
Scientific Research and Technical Services	226. 81	1. 1	1 311. 44	0. 9
Accommodation and Catering	93. 97	0. 5	376. 82	0. 3
Water Conservancy/Environment and Public Facilities Management	105. 28	0. 5	368. 89	0. 3
Others	−91. 51	−0. 5	361. 82	0. 3
Total	**19 731. 58**	**100. 0**	**140 280. 94**	**100. 0**

（Billions of US Dollars）

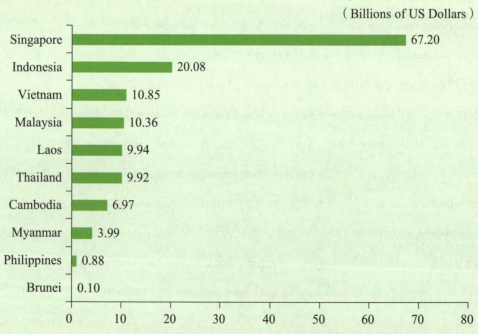

Figure 24　China's Outward FDI Stock in 10 Countries of ASEAN, by the End of 2021

3.3 China's Outward FDI to the European Union

In 2021, China's outward FDI flows to the EU reached $7.86 billion, down 22.2% year-on-year and accounting for 4.4% of the total flows. By the end of 2021, China had set up more than 2.7 thousand FDI enterprises in the EU, covering all 27 member states of the EU and employing nearly 270 thousand foreign employees.

In terms of the country distribution of China's outward FDI flows, Germany ranked first with $2.71 billion, with a year-on-year increase of 97.1%, accounting for 34.5% of the investment flows to the EU, mainly invested in manufacturing, production and supply of electricity/heat/gas and water, wholesale and retail trade sector, finance, etc.; followed by the Netherlands with $1.7 billion, with a year-on-year decrease of 65.5%, accounting for 21.7%, mainly invested in information transmission/software and information technology services, mining, wholesale and retail trade sector, etc. Luxembourg ranked third with $1.5 billion, up 113.9% year-on-year, accounting for 19.1%, mainly invested in resident services/repairs and other services, manufacturing, leasing and business services, etc.

In terms of the overall industrial distribution of China's outward FDI flows, the first target of Chinese enterprises' investment in EU in 2021 was manufacturing, which received $3.69 billion, with a year-on-year increase of 18.8%, accounting for 47%, mainly flowing to the Germany, Sweden, Luxembourg, Italy, etc. The second was the financial sector with $1.12 billion, with a year-on-year increase of 155.5%, accounting for 14.3%, concentrated in Luxembourg, Germany and Ireland. The information transmission/software and information technology services ranked third with $1.08 billion, down 40.2% year-on-year, accounting for 13.7%, mainly distributed in the Netherlands, Germany, etc. The leasing and business services industry received $460 million, with a year-on-year decrease of 32.8%, accounting for 5.9%, mainly concentrated in Germany, Luxemburg, Belgium, etc. The resident services/repair and other services received $440 million, with a year-on-year increase of 197.4%, accounting for 5.6%, mainly flowing to Luxemburg, Germany, etc. The production and supply of electricity/heat/gas and water industry received $400 million, which increased by 6.5 times, accounting for 5%, mainly flowing to Germany, Luxemburg, etc. The mining industry received $340 million, with a year-on-year decrease of 87.2%, accounting for 4.3%, mainly to the Netherlands, Luxemburg, etc. The scientific research and technology services industry received $170 million, with a year-on-year increase of 21.3%, accounting for 2.2%, mainly to Germany, the Netherlands, France, etc. Flows to the transportation/storage and postal service industry reached $130 million, with a year-on-year growth of 120.5%, accounting for 1.7%, mainly concentrated in Germany, etc. Flows to the wholesale and retail trade sector amounted to $60 million, with a year-on-year decrease of 93.6%, accounting for 0.7%.

By the end of 2021, China's outward FDI stock in the EU reached $95.9 billion, accounting for 3.4% of China's outward FDI stock. The countries with more than $10 billion in stock were the Netherlands, Luxemburg, Sweden and Germany. Among them, the investment in the Netherlands topped the list, reaching $28.49 billion, accounting for 29.7% of the outward FDI stock in the EU, mainly invested in the mining industry, information transmission/software and information technology services industry, manufacturing, leasing and business services industry, wholesale and retail trade sector, etc.; followed by Luxemburg with $18.13 billion, accounting for 18.9%, mainly invested in the financial industry, leasing and business services industry, manufacturing, etc. Sweden ranked third with $17.03 billion, accounting for 17.8%, mainly invested in manufacturing, real estate, accommodation and catering, scientific research and technical services, etc.

In terms of the industrial distribution of stock, the manufacturing sector received $28.92 billion, accounting for 30.2%, mainly distributed in Sweden, Germany, the Netherlands, Luxembourg, Italy, France, etc. The mining industry received $19.13 billion, accounting for 19.9%, mainly distributed in the Netherlands, Luxemburg, Cyprus, etc. The financial industry received $13.43 billion, accounting for 14%, mainly distributed in Luxembourg, Germany, France, Italy etc. The leasing and business services industry received $7.72 billion, accounting for 8%, mainly distributed in Luxemburg, Germany, France, the Netherlands, Ireland, etc. The information transmission/software and information technology services industry received $5.87 billion, accounting for 6.1%, mainly concentrated in the Netherlands and Germany. The real estate industry received $5.73 billion, accounting for 6%, mainly distributed in Sweden and Germany, etc. The wholesale and retail trade sector received $4.94 billion, accounting for 5.1%, mainly distributed in France, Germany, Luxembourg, Italy, the Netherlands, etc. The production and supply of electricity/heat/gas and water industry received $2.64 billion, accounting for 2.8%, mainly distributed in Luxembourg, Germany, Spain, Italy, etc. The scientific research and technology services industry received $2.6 billion, accounting for 2.7%, mainly distributed in Germany, Sweden, Luxembourg, Italy, etc. The transportation, storage and postal services industry received $1.32 billion, accounting for 1.4%, mainly distributed in Germany, Greece, etc. The accommodation and catering industry received $1.13 billion, accounting for 1.2%, mainly distributed in Sweden, France, etc.

Table 19   Major Industries of China's Outward FDI to the European Union, 2021

(Millions of US Dollars)

Industry	Flow	Share (%)	Stock	Share (%)
Manufacturing	3 694. 38	47. 0	28 923. 91	30. 2
Mining	340. 57	4. 3	19 131. 22	19. 9
Finance	1 118. 49	14. 3	13 431. 68	14. 0
Leasing and Business Services	464. 56	5. 9	7 724. 48	8. 0
Information Transmission/Software and Information Technology Services	1 075. 03	13. 7	5 868. 58	6. 1
Real Estate	−7. 91	−0. 1	5 726. 62	6. 0
Wholesale and Retail Trade	56. 11	0. 7	4 941. 55	5. 1
Production and Supply of Electricity/Heat/Gas and Water	395. 12	5. 0	2 639. 03	2. 8
Scientific Research and Technical Services	171. 12	2. 2	2 601. 22	2. 7
Transportation/Storage and Postal Services	133. 64	1. 7	1 320. 38	1. 4
Accommodation and Catering	−25. 42	−0. 3	1 129. 79	1. 2
Resident Services/Repairs and Other Services	440. 78	5. 6	1 020. 74	1. 1
Culture/Sports and Entertainment	0. 64	0. 0	582. 56	0. 6
Agriculture/Forestry/Animal Husbandry and Fishery	−15. 43	−0. 2	523. 19	0. 5
Construction	−2. 13	0. 0	188. 54	0. 2
Others	15. 51	0. 2	144. 90	0. 2
Total	**7 855. 06**	**100. 0**	**95 898. 39**	**100. 0**

3.4   China's Outward FDI to the United States

In 2021, China's outward FDI flows to the United States decreased by 7. 2% from the previous year to ＄5. 58 billion, accounting for 3. 1% of China's total outward FDI flows that year and 84. 9% of the flows to North America. The outward FDI stock in the United States reached ＄77. 17 billion, accounting for 2. 8% of China's outward FDI stock and 77% of the stock in North America. By the end of 2021, China had established nearly 5. 3 thousand FDI companies in the United States, employing more than 75 thousand local employees.

In 2021, China's outward FDI to the United States covered 18 industries of the national economy. In terms of composition, flows to the financial industry reached ＄3. 67 billion, with an increase of 3. 9 times over the previous year, accounting for 65. 8%.The manufacturing sector ranked second with ＄1. 78 billion, with a year-on-year decrease of 60. 8%, accounting for 32%. The wholesale and retail trade sector received ＄1. 06 billion, with a year-on-year decrease of 8. 6%, accounting for 19%. The scientific research and technical services industry received ＄590 million, with a year-on-year increase of 50%, accounting for 10. 6%. Flows to the information transmission/software and information technology services industry, the real estate and the accommodation and catering industry were all negative.

In terms of the industrial composition of the stock, it was mainly distributed in the manufacturing sector with ＄23. 24 billion, accounting for 30. 1%; the financial industry received ＄14. 95 billion, accounting for 19. 4%; the leasing and business services industry received ＄8. 48 billion, accounting for 11%; the wholesale and retail trade sector received ＄7. 22 billion, accounting for 9. 4%; the mining industry received ＄5. 97 billion, accounting for 7. 7%; the scientific research and technical services industry received ＄3. 5 billion, accounting for 4. 5%; the culture/sports and entertainment industry received ＄3. 43 billion, accounting for 4. 4%; the real estate industry received ＄3. 05 billion, accounting for 3. 9%; the construction industry received ＄2. 08 billion, accounting for 2. 7%; the information transmission/software and information technology services industry received ＄1. 69 billion, accounting for 2. 2%; the accommodation and catering industry accounted for 1. 2%; the transportation/storage and postal service industry accounted for 0. 9%.

Table 20　Major Industries of China's Outward FDI to the United States, 2021

(Millions of US Dollars)

Industry	Flows	Share (%)	Stock	Share (%)
Manufacturing	1 784.04	32.0	23 244.54	30.1
Finance	3 672.67	65.8	14 954.39	19.4
Leasing and Business Services	44.58	0.8	8 481.79	11.0
Wholesale and Retail Trade	1 060.01	19.0	7 220.39	9.4
Mining	63.21	1.1	5 973.61	7.7
Scientific Research and Technical Services	590.37	10.6	3 499.10	4.5
Culture/Sports and Entertainment	75.60	1.4	3 431.73	4.4
Real Estate	−109.85	−2.0	3 047.25	3.9
Construction	25.67	0.5	2 081.85	2.7
Information Transmission/Software and Information Technology Services	−1 828.95	−32.8	1 694.03	2.2
Accommodation and Catering	−20.39	−0.4	910.59	1.2
Transportation/Storage and Postal Services	54.82	1.0	731.59	0.9
Production and Supply of Electricity/Heat/Gas and Water	18.43	0.3	503.16	0.7
Agriculture/Forestry/Animal Husbandry and Fishery	74.72	1.3	450.58	0.6
Resident Services/Repairs and Other Services	21.39	0.4	427.36	0.6
Others	58.01	1.0	520.39	0.7
Total	**5 584.33**	**100.0**	**77 172.35**	**100.0**

3.5　China's Outward FDI to Australia

In 2021, China's outward FDI flows to Australia amounted to $1.92 billion, increased by 60.3% from the previous year, accounting for 1.1% of the total flows and over 90% of the investment flows to Oceania. From the perspective of sector distribution, flows concentrated primarily in the following industries: the manufacturing industry received $800 million, accounting for 41.4%; the leasing and business services industry received $640 million, accounting for 33.4%; the mining sector received $550 million, accounting for 28.4%; the wholesale and retail trade sector received $100 million, accounting for 5.3%; the transportation/storage and postal services sector received $70 million, accounting for 3.6%;

the real estate industry accounted for 2. 8%.

By the end of 2021, China's investment stock in Australia reached ＄34. 43 billion, accounting for 1. 2% of China's outward FDI stock and 85. 7% of the stock in Oceania. More than 900 overseas enterprises were established in Australia, employing more than 30 thousand local employees. In terms of the industrial distribution of the stock, the mining industry received ＄15. 91 billion, accounting for 46. 2%; the leasing and business services industry received ＄5. 07 billion, accounting for 14. 7%; the financial industry received ＄3. 27 billion, accounting for 9. 5%; the manufacturing industry received ＄3. 14 billion, accounting for 9. 1%; the real estate industry received ＄2. 78 billion, accounting for 8. 1%; the agriculture, forestry, animal husbandry and fishery received ＄990 million, accounting for 2. 9%; the wholesale and retail trade sector received ＄910 million, accounting for 2. 6%.

Table 21 Major Industries of China's Outward FDI to Australia, 2021

(Millions of US Dollars)

Industry	Flow	Share（%）	Stock	Share（%）
Mining	546. 09	28. 4	15 908. 26	46. 2
Leasing and Business Services	642. 74	33. 4	5 065. 15	14. 7
Finance	−137. 21	−7. 1	3 266. 42	9. 5
Manufacturing	795. 06	41. 4	3 144. 02	9. 1
Real Estate	54. 19	2. 8	2 781. 10	8. 1
Agriculture/Forestry/Animal Husbandry and Fishery	18. 54	1. 0	986. 12	2. 9
Wholesale and Retail Trade	101. 71	5. 3	907. 25	2. 6
Construction	19. 05	1. 0	492. 10	1. 4
Production and Supply of Electricity/Heat/Gas and Water	4. 77	0. 2	407. 76	1. 2
Transportation/Storage and Postal Services	70. 01	3. 6	383. 83	1. 1
Health and Social Work	−191. 96	−10. 0	311. 05	0. 9
Scientific Research and Technical Services	28. 73	1. 5	258. 56	0. 8
Accommodation and Catering	−25. 18	−1. 3	242. 43	0. 7
Others	−4. 00	−0. 2	276. 41	0. 8
Total	**1 922. 54**	**100. 0**	**34 430. 47**	**100. 0**

4. Structure of China's Outward Foreign Direct Investors

By the end of 2021, the number of China's outward foreign direct investors (hereinafter referred to as "domestic investors") had reached over 28 thousand. In terms of the domestic investors' registration types from the state administration for market regulation, private enterprises accounted for 32.7% of the total, which were the largest and most active groups in China's outward foreign investment. Limited liability companies accounted for 29.1%, ranking second. Incorporated companies accounted for 13.8%. The shares of state-owned enterprises, foreign-invested enterprises, Hong Kong/Macao and Taiwan-invested enterprises, self-employed companies, joint-stock cooperative companies, collective enterprises, associated enterprises and other enterprises reached 5.7%, 5.6%, 4%, 2.3%, 1.1%, 0.4%, 0.2% and 5.1%, respectively.

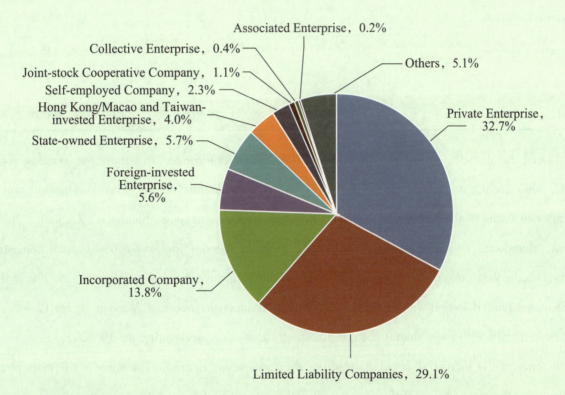

**Figure 25   Distribution of Domestic Investors, by Registration Type,
by the End of 2021**

Table 22　Distribution of Domestic Investors，by Registration Type，by the End of 2021

Type of Business Registration	Number of Firms	Share（%）
Private Enterprise	9 356	32.7
Limited Liability Company	8 309	29.1
Incorporated Company	3 947	13.8
State-owned Enterprise	1 640	5.7
Foreign-invested Enterprise	1 602	5.6
Hong Kong/Macao and Taiwan-invested Enterprise	1 144	4.0
Self-employed Enterprise	648	2.3
Joint-stock Cooperative Enterprise	322	1.1
Collective Enterprise	108	0.4
Associated Enterprise	44	0.2
Others	1 477	5.1
Total	**28 597**	**100.0**

Among the domestic investors, there were 168 central enterprises and units, accounting for only 0.6%, while local enterprises from all provinces and cities accounted for 99.4%. The top ten provinces and cities in terms of the number of domestic investors were Guangdong, Shanghai, Zhejiang, Jiangsu, Beijing, Shandong, Fujian, Liaoning, Tianjin and Sichuan, accounting for 81.6% of total domestic investors; Guangdong ranked first with over 7 thousand domestic investors, accounting for 25.2% of the total. Shanghai ranked second with more than 3.5 thousand domestic investors, accounting for 12.4%. Zhejiang ranked third with more than 3 thousand domestic investors, accounting for 10.8%.

In terms of the industrial distribution of domestic investors, domestic investors in the manufacturing industry were the most active entities in outward FDI, accounting for over 30% of domestic investors, and the enterprises were mainly distributed in the computer/communication and other electronic equipment manufacturing, special equipment manufacturing, general equipment manufacturing, pharmaceutical manufacturing, electrical machinery and equipment manufacturing, chemical raw material and chemical products manufacturing, metal products manufacturing, textile, rubber and plastic manufacturing, garment and decoration, automobile manufacturing, etc. The wholesale and retail trade sector ranked second, which accounted for 23%. In addition, the leasing and business services sector accounted for 13.7%; the information transmission/software and information technology services sector accounted for 8.9%; the scientific research and technical services sector accounted for 4.3%; the agriculture/forestry/animal husbandry and fishery sector accounted for 3.7%; the construction sector accounted for 3.2%.

■ Manufacturing, 31.6%

■ Wholesale and Retail Trade, 23.0%

■ Leasing and Business Services, 13.7%

■ Information Transmission/Software and Information Technology Services, 8.9%

■ Scientific Research and Technical Services, 4.3%

■ Agriculture/Forestry/Animal Husbandry and Fishery, 3.7%

■ Construction, 3.2%

■ Transportation/Storage and Postal Services, 2.4%

■ Real Estate, 2.0%

■ Mining, 1.7%

■ Resident Services/Repairs and Other Services, 1.7%

■ Culture/Sports and Entertainment, 1.3%

■ Accommodation and Catering, 0.8%

■ Production and Supply of Electricity/Heat/Gas and Water, 0.7%

■ Others, 1.0%

Figure 26   Industrial Distribution of Domestic Investors, by the End of 2021

Table 23　Industrial Distribution of Domestic Investors，by the End of 2021

Industry	Number of Firms	Share（%）
Manufacturing	9 036	31.6
Wholesale and Retail Trade	6 590	23.0
Leasing and Business Services	3 910	13.7
Information Transmission/Software and Information Technology Services	2 559	8.9
Scientific Research and Technical Services	1 216	4.3
Agriculture/Forestry/Animal Husbandry and Fishery	1 048	3.7
Construction	904	3.2
Transportation/Storage and Postal Services	691	2.4
Real estate	580	2.0
Mining	496	1.7
Resident Services/Repairs and Other Services	472	1.7
Culture/Sports and Entertainment	376	1.3
Accommodation and Catering	222	0.8
Production and Supply of Electricity/Heat/Gas and water	205	0.7
Others	292	1.0
Total	**28 597**	**100.0**

5. Composition of China's Outward FDI Enterprises

5.1　Country（region）distribution

By the end of 2021，Chinese domestic investors had established 46 thousand FDI enterprises（hereinafter referred to as "overseas enterprises"）in 190 countries（regions），increased by nearly 1 thousand enterprises compared with the end of the previous year，covering over 80% of the countries and regions in the world. Among them，the coverage rate of overseas enterprises in Asia，Europe，Africa，North America，Latin America and Oceania was 95.7%，87.8%，86.7%，75%，67.3% and 58.3% respectively.

Table 24 Distribution of Chinese Overseas Enterprises in Different Continents, by the End of 2021

Continent	Number of Countries (Regions) by the End of 2021	Number of Countries (Regions) Covered by China's Overseas Enterprises	Coverage Rate (%)
Asia	48	45	95. 7
Europe	49	43	87. 8
Africa	60	52	86. 7
North America	4	3	75. 0
Latin America	49	33	67. 3
Oceania	24	14	58. 3
Total	**234**	**190**	**81. 5**

Note: 1. Coverage rate refers to the ratio between the number of countries (regions) covered by China's FDI enterprises and the total number of countries (regions) in the region.

2. The number of Asian countries (regions) include China, while the coverage rate does not.

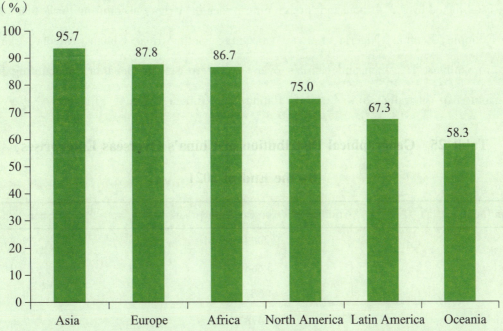

Figure 27 Regional Coverage Rate of China's Overseas Enterprises, by the End of 2021

According to the distribution of overseas enterprises in countries (regions), China established nearly 27 thousand overseas enterprises in Asia, accounting for 59. 2% of the total, mainly distributed in Hong Kong (China), Singapore, Japan, Vietnam, Indonesia, Malaysia, Republic of Korea, Thailand, Cambodia, Laos, India, Myanmar, the United Arab Emirates, etc. The number of overseas enterprises in Hong Kong (China) reached almost 15 thousand, accounting for more than 30% of China's overseas enterprises. Hong Kong(China) ranked first in terms of the number of China's overseas enterprises and was the most active region for China's investment.

There were nearly 6 thousand overseas enterprises in North America, accounting for 12.9%, mainly distributed in the United States and Canada. The number of overseas enterprises set up by Chinese enterprises in the United States is second only to Hong Kong (China).

China established over 4.5 thousand overseas enterprises in Europe, accounting for 10%, mainly distributed in Germany, the Russian Federation, the United Kingdom, the Netherlands, France, Italy, Luxembourg, Spain, etc.

The overseas enterprises in Latin America amounted to nearly 3.5 thousand, accounting for 7.6%, mainly distributed in the British Virgin Islands, the Cayman Islands, Brazil, Mexico, Peru, Chile, Ecuador, Argentina, Bolivia, etc.

China established over 3.4 thousand foreign enterprises in Africa, accounting for 7.5%, mainly distributed in Ethiopia, Zambia, Nigeria, Kenya, Tanzania, South Africa, Ghana, Angola, Uganda, etc.

There were almost 1.3 thousand China's overseas enterprises in Oceania, accounting for 2.8%, mainly distributed in Australia, New Zealand, Papua New Guinea, Samoa, Fiji, etc.

Table 25   Geographical Distribution of China's Overseas Enterprises, by the End of 2021

Continent	Number of Overseas Enterprises	Share（%）
Asia	26 963	59.2
North America	5 888	12.9
Europe	4 567	10.0
Latin America	3 478	7.6
Africa	3 409	7.5
Oceania	1 260	2.8
Total	**45 565**	**100.0**

At the end of 2021, the top 20 countries (regions) in terms of the number of China's overseas enterprises were Hong Kong (China), the United States, Singapore, the British Virgin Islands, the Cayman

Islands, Germany, Japan, Vietnam, the Russian Federation, Australia, Indonesia, Malaysia, Republic of Korea, Thailand, Canada, Cambodia, Laos, the United Kingdom, India and Myanmar. The total number of China's overseas enterprises located in the above-mentioned countries (regions) amounted nearly 35 thousand, accounting for 76.2% of China's total overseas enterprises.

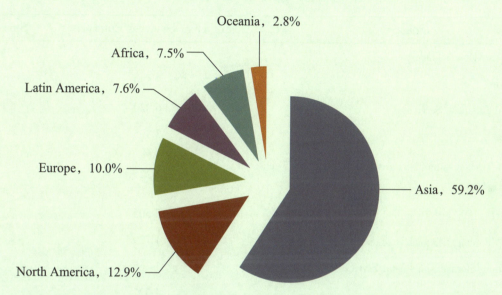

**Figure 28 Geographical Distribution of China's Overseas Enterprises,
by the End of 2021**

5.2 Industrial Distribution

In terms of the industrial distribution of China's overseas enterprises, the wholesale and retail trade sector, the manufacturing industry, the leasing and business service industry were still the most concentrated industries of overseas enterprises, with an accumulated number of more than 27 thousand, accounting for 59.2% of the total number of overseas enterprises. Among them, more than 12 thousand overseas enterprises were in the wholesale and retail trade sector, accounting for 27.1% of the total; more than 8.6 thousand enterprises were in the manufacturing sector, accounting for 18.9%; over 6 thousand enterprises were in the leasing and business service industries, accounting for 13.2%. In addition, the shares of the enterprises in the construction sector, the information transmission/software and information technology services sector, the scientific research and technical services sector, the agriculture/forestry/animal husbandry and fishery sector, the transportation/storage and postal services sector, the mining sector, the resident services, repairs and other services sector, the production and supply of electricity/heat/gas and water sector and the financial sector reached 8. 6% , 7. 1% , 5. 5% , 3. 8% , 3% , 2. 9% , 1. 9% , 1. 8% , 1. 7% , respectively.

Table 26 Industrial Distribution of China's Overseas Enterprises, by the End of 2021

Industry	Number of Overseas Enterprises	Share（%）
Wholesale and Retail Trade	12 359	27. 1
Manufacturing	8 630	18. 9
Leasing and Business Services	6 020	13. 2
Construction	3 905	8. 6
Information Transmission/Software and Information Technology Services	3 225	7. 1
Scientific Research and Technical Services	2 505	5. 5
Agriculture/Forestry/Animal Husbandry and Fishery	1 739	3. 8
Transportation/Storage and Postal Services	1 365	3. 0
Mining	1 322	2. 9
Resident Services/Repairs and Other Services	853	1. 9
Production and Supply of Electricity/Heat/Gas and Water	800	1. 8
Finance	752	1. 7
Real Estate	739	1. 6
Culture/Sports and Entertainment	517	1. 1
Accommodation and Catering	353	0. 8
Education	217	0. 5
Water Conservancy/Environment and Public Facility Management	151	0. 3
Health and Social Work	113	0. 2
Total	**45 565**	**100. 0**

5. 3 Provincial Distribution

By the end of 2021 , domestic investors had established 45 thousand non-financial overseas enterprises. In terms of the affiliations of the overseas non-financial enterprises, at the end of 2021 , local enterprises accounted for 86. 3% of the total overseas enterprises, while central enterprises and units accounted for 13. 7%. Guangdong, Shanghai, Zhejiang, Jiangsu, Beijing, Shandong, Fujian, Liaoning, Tianjin and Yunnan ranked among the top ten in terms of the number of overseas enterprises, accounting for 70. 4% of total overseas enterprises cumulatively. Guangdong had the largest number of overseas companies in China, accounting for 19. 6% of the total, while Shanghai was the second, accounting for 10. 4% and Zhejiang ranked third, accounting for 10. 1%.

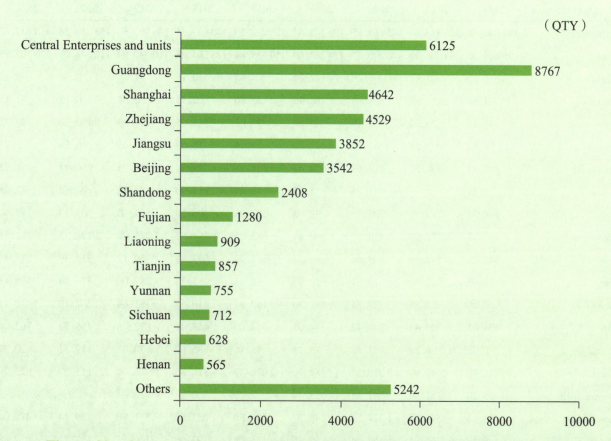

Figure 29   Overseas Enterprises Established by China's Major Provinces and Municipalities, by the End of 2021

6. Annex Tables

Annex Table 1　China's Outward FDI Flows by Country and Region，2013—2021

(Millions of USD)

Country/Region	2013	2014	2015	2016	2017	2018	2019	2020	2021
Total	107 843. 71	123 119. 86	145 667. 15	196 149. 43	158 288. 30	143 037. 31	136 907. 56	153 710. 26	178 819. 32
Asia	75 604. 26	84 988. 02	108 370. 87	130 267. 69	110 039. 86	105 504. 88	110 840. 94	112 343. 65	128 102. 05
Afghanistan	−1. 22	27. 92	−3. 26	2. 21	5. 43	−0. 16	24. 08	2. 54	−2. 55
Bahrain	−5. 34	—	—	36. 46	36. 96	−2. 35	−0. 34	0. 19	61. 11
Bangladesh	41. 37	25. 02	31. 19	40. 80	99. 03	543. 65	375. 49	450. 60	240. 71
Brunei	8. 52	−3. 28	3. 92	142. 10	71. 36	−15. 09	−4. 05	16. 58	3. 75
Cambodia	499. 33	438. 27	419. 68	625. 67	744. 24	778. 34	746. 25	956. 42	466. 75
Cyprus	76. 34	—	1. 76	5. 25	603. 41	113. 90	82. 42	94. 66	32. 28
India	148. 57	317. 18	705. 25	92. 93	289. 98	206. 20	534. 60	205. 19	279. 46
Indonesia	1 563. 38	1 271. 98	1 450. 57	1 460. 88	1 682. 25	1 864. 82	2 223. 08	2 198. 35	4 372. 51
Iran	745. 27	592. 86	−549. 66	390. 37	−368. 29	−567. 33	−59. 17	336. 39	242. 12
Iraq	20. 02	82. 86	12. 31	−52. 87	−8. 81	7. 73	887. 09	414. 58	178. 18
Israel	1. 89	52. 58	229. 74	1 841. 30	147. 37	410. 57	191. 68	267. 10	−470. 14
Japan	434. 05	394. 45	240. 42	344. 01	444. 05	468. 41	673. 78	486. 83	762. 14
Jordan	0. 77	6. 74	1. 58	6. 13	15. 16	85. 62	30. 93	−119. 51	−20. 22
Kazakhstan	811. 49	−40. 07	−2 510. 27	487. 70	2 070. 47	118. 35	786. 49	−115. 29	822. 24
Korea, DPR	86. 20	51. 94	41. 21	28. 44	1. 29	0. 28	—	—	—
Korea, Rep.	268. 75	548. 87	1 324. 55	1 148. 37	660. 80	1 033. 66	561. 80	139. 14	478. 04
Kuwait	−0. 59	161. 91	144. 44	50. 55	175. 08	192. 08	−100. 52	122. 21	37. 88
Kyrgyzstan	203. 39	107. 83	151. 55	158. 74	123. 70	100. 16	215. 66	252. 46	76. 43
Lao PDR	781. 48	1 026. 90	517. 21	327. 58	1 219. 95	1 241. 79	1 149. 08	1 454. 30	1 282. 32
Lebanon	0. 68	0. 09	—	—	—	—	—	—	—
Malaysia	616. 38	521. 34	488. 91	1 829. 96	1 722. 14	1 662. 70	1 109. 54	1 374. 41	1 336. 25
Maldives	1. 55	0. 72	—	33. 41	31. 95	−1. 55	6. 94	−21. 42	23. 09
Mongolia	388. 79	502. 61	−23. 19	79. 12	−27. 89	−457. 13	128. 06	8. 32	24. 68
Myanmar	475. 33	343. 13	331. 72	287. 69	428. 18	−197. 24	−41. 94	250. 80	18. 46
Nepal FDR	36. 97	45. 04	78. 88	−48. 82	7. 55	51. 22	206. 78	52. 26	49. 96
Oman	−0. 74	15. 16	10. 95	4. 62	12. 73	51. 91	−3. 15	87. 10	40. 86
Pakistan	163. 57	1 014. 26	320. 74	632. 94	678. 19	−198. 73	562. 16	947. 66	727. 39
Palestine	0. 02	—	—	0. 20	—	—	—	—	—
Philippines	54. 40	224. 95	−27. 59	32. 21	108. 84	58. 82	−4. 29	130. 43	152. 86

Annex Table 1　Continued 1

(Millions of USD)

Country/Region	2013	2014	2015	2016	2017	2018	2019	2020	2021
Qatar	87. 47	35. 79	140. 85	96. 13	−26. 63	−368. 10	29. 32	94. 67	116. 82
Saudi Arabia	478. 82	184. 30	404. 79	23. 90	−345. 18	383. 07	654. 37	390. 26	514. 29
Singapore	2 032. 67	2 813. 63	10 452. 48	3 171. 86	6 319. 90	6 411. 26	4 825. 67	5 923. 35	8 405. 04
Sri Lanka	71. 77	85. 11	17. 47	−60. 23	−25. 27	7. 83	92. 80	98. 17	166. 11
Syria	−8. 05	9. 55	−3. 56	−0. 69	0. 53	−0. 01	12. 70	0. 49	−0. 12
Tajikistan	72. 33	107. 20	219. 31	272. 41	95. 01	388. 24	69. 61	−264. 02	237. 43
Thailand	755. 19	839. 46	407. 24	1 121. 69	1 057. 59	737. 29	1 371. 91	1 882. 88	1 486. 01
Timor−Leste	1. 60	9. 73	33. 81	55. 33	19. 52	−10. 32	−16. 30	36. 31	5. 77
Turkey	178. 55	104. 97	628. 31	−96. 12	190. 91	352. 82	28. 83	391. 26	225. 44
Turkmenistan	−32. 43	195. 15	−314. 57	−23. 76	46. 72	−38. 30	−93. 15	211. 04	−17. 60
United Arab Emirates	294. 58	705. 34	1 268. 68	−391. 38	661. 23	1 081. 01	1 207. 41	1 551. 95	894. 14
Uzbekistan	44. 17	180. 59	127. 89	178. 87	−75. 75	99. 01	−445. 83	−36. 77	369. 03
Viet Nam	480. 50	332. 89	560. 17	1 279. 04	764. 40	1 150. 83	1 648. 52	1 875. 75	2 207. 62
Yemen	331. 25	5. 96	−102. 16	−413. 15	27. 25	10. 45	−78. 81	−2. 92	−11. 58
Macau(China)	394. 77	596. 10	1 080. 65	821. 50	−1 024. 47	810. 67	594. 45	826. 84	881. 92
Taiwan Prov(China)	176. 67	183. 70	267. 12	11. 75	226. 21	69. 33	106. 93	226. 22	211. 86
Hong Kong(China)	62 823. 78	70 867. 30	89 789. 78	114 232. 59	91 152. 78	86 869. 17	90 550. 08	89 145. 86	101 190. 88
Africa	**3 370. 64**	**3 201. 93**	**2 977. 92**	**2 398. 73**	**4 105. 00**	**5 389. 11**	**2 704. 42**	**4 225. 60**	**4 986. 64**
Algeria	191. 30	665. 71	210. 57	−99. 89	−140. 53	178. 65	−123. 62	18. 64	184. 71
Angola	224. 05	−448. 57	57. 74	164. 49	637. 55	270. 34	383. 24	125. 36	123. 49
Benin	8. 44	7. 44	14. 76	9. 97	1. 33	4. 80	−19. 79	10. 64	32. 51
Botswana	10. 19	52. 95	86. 08	106. 20	−22. 20	−4. 86	6. 82	26. 55	−14. 01
Burkina Faso	4. 34	4. 45	—	0. 20	—	—	1. 26	0. 35	5. 28
Burundi	1. 09	3. 45	2. 06	2. 39	−0. 58	4. 06	−1. 90	6. 22	8. 61
Cameroon	57. 20	29. 74	24. 67	114. 23	87. 99	141. 79	−33. 69	44. 71	−23. 44
Cape Verde	0. 13	0. 10	—	0. 05	—	—	1. 24	0. 48	−0. 41
Central African	1. 30	182. 24	0. 30	0. 40	0. 42	46. 32	0. 56	0. 14	−0. 90
Chad	120. 95	83. 12	−17. 12	−62. 26	−23. 05	67. 77	49. 81	98. 39	93. 50
Comoros	—	—	—	—	—	0. 93	0. 13	−0. 05	−0. 16
Congo	109. 94	238. 60	150. 08	49. 13	284. 17	−292. 64	94. 59	247. 49	166. 11
Congo,DR	121. 27	157. 56	213. 71	−78. 92	340. 24	643. 01	930. 96	611. 51	1 045. 75
Cote d'lvoire	−4. 79	24. 26	60. 24	56. 53	112. 69	163. 68	85. 26	78. 86	64. 17
Djibouti	2. 00	9. 53	20. 33	62. 24	104. 64	−81. 06	26. 64	−2. 16	8. 55
Egypt	23. 22	162. 87	80. 81	119. 83	92. 76	221. 97	10. 96	27. 43	195. 71

Annex Table 1　Continued 2

(Millions of USD)

Country/Region	2013	2014	2015	2016	2017	2018	2019	2020	2021
Equatorial Guinea	22.41	33.13	−13.04	−24.91	71.11	3.80	−44.60	−49.12	0.22
Eritrea	0.90	1.29	9.91	68.42	−0.13	6.14	−0.57	44.61	37.73
Ethiopia	102.46	119.59	175.29	282.14	181.08	341.25	375.30	310.80	−90.39
Gabon	32.10	25.56	48.79	32.43	55.42	−69.54	16.66	7.78	−18.19
Gambia	—	0.05	—	2.28	2.32	14.43	−4.51	2.79	0.47
Ghana	122.51	72.90	283.22	490.61	44.20	124.25	29.41	−6.71	127.75
Guinea	100.13	67.70	−25.72	36.67	286.56	203.17	53.04	−295.12	487.17
Guinea−Bissau	—	1.72	2.24	0.61	6.23	2.57	—	−2.44	0.08
Kenya	230.54	278.39	281.81	29.67	410.10	232.04	10.37	629.62	348.22
Lesotho	—	0.46	0.08	—	—	—	—	11.65	10.45
Liberia	30.34	40.11	98.18	11.14	39.82	14.35	11.20	33.46	6.78
Libya	0.45	0.13	−41.06	−17.05	−176.40	28.23	−129.34	72.89	−13.22
Madagascar	15.51	36.76	33.84	−6.55	71.20	55.60	−0.16	135.98	−9.62
Malawi	8.25	3.40	0.05	2.40	43.07	1.46	−100.58	9.02	14.95
Mali	108.01	23.39	−34.01	12.95	14.34	−84.04	18.49	18.04	16.22
Mauritania	15.27	−7.33	2.16	108.79	38.07	23.23	−7.46	53.20	−12.29
Mauritius	61.07	49.43	154.77	72.33	33.27	178.21	185.89	45.77	238.56
Morocco	7.74	11.44	26.03	10.16	59.86	90.78	−95.16	128.14	33.22
Mozambique	131.89	102.51	68.43	44.25	117.47	545.63	−46.70	43.28	−4.03
Namibia	7.05	8.02	17.85	21.68	20.09	−24.82	−1.10	1.71	8.07
Niger	116.54	−44.61	23.69	−23.56	50.84	115.44	178.36	235.14	282.52
Nigeria	209.13	199.77	50.58	108.50	137.95	194.70	123.27	308.94	201.67
South Sudan	11.49	−6.82	13.08	2.03	12.21	−13.12	5.49	2.68	8.56
Rwanda	−5.94	14.94	4.06	−9.19	9.88	45.42	17.01	−6.55	36.14
Sao Tome and Principe	—	—	—	—	—	—	0.06	1.55	—
Senegal	10.44	7.06	−7.94	19.85	65.41	83.93	−84.88	213.40	11.77
Seychelles	17.69	7.56	49.58	50.41	27.05	227.98	1.98	87.55	112.81
Sierra Leone	40.03	4.92	8.07	−1.80	16.27	3.94	0.76	−8.32	12.32
South Africa	−89.19	42.09	233.17	843.22	317.36	642.06	338.91	400.43	363.59
Sudan	140.91	174.07	31.71	−689.94	254.87	57.12	−70.78	2.83	94.29
Tanzania	150.64	166.61	226.32	94.57	132.46	177.47	115.58	107.57	101.74
Togo	23.59	6.99	−1.73	2.38	11.43	−6.59	8.28	9.11	−4.90

Annex Table 1   Continued 3

(Millions of USD)

Country/Region	2013	2014	2015	2016	2017	2018	2019	2020	2021
Tunisia	7. 06	0. 71	5. 64	−3. 22	−0. 82	5. 96	19. 96	−6. 92	6. 52
Uganda	60. 60	60. 50	205. 34	121. 51	79. 04	225. 80	143. 22	97. 78	2. 10
Zambia	292. 86	424. 85	96. 55	218. 41	305. 80	523. 73	143. 39	214. 26	582. 80
Zimbabwe	517. 53	101. 18	46. 75	42. 95	−107. 88	53. 83	81. 13	76. 25	103. 10
Europe	**5 948. 53**	**10 837. 91**	**7 118. 43**	**10 693. 23**	**18 463. 19**	**6 588. 39**	**10 519. 92**	**12 695. 65**	**10 874. 80**
Albania	0. 56	—	—	0. 01	0. 21	1. 72	0. 69	0. 10	—
Armenia	—	—	—	—	3. 95	19. 64	—	1. 53	6. 98
Austria	0. 15	43. 71	104. 32	191. 72	412. 19	138. 14	32. 39	74. 81	195. 39
Azerbaijan	−4. 43	16. 83	1. 36	−24. 66	−0. 20	−1. 05	0. 86	17. 28	−0. 64
Belarus	27. 18	63. 72	54. 21	160. 94	142. 72	67. 73	181. 75	−8. 15	42. 41
Belgium	25. 78	153. 28	23. 46	28. 35	30. 34	5. 63	59. 85	76. 03	111. 60
Bosnia and Herze-govina	—	—	1. 62	0. 85			12. 19	8. 58	4. 82
Bulgaria	20. 69	20. 42	59. 16	−15. 03	88. 87	−1. 68	2. 46	0. 57	0. 25
Croatia	—	3. 55	—	0. 22	31. 84	22. 39	28. 69	154. 46	15. 15
Czech Republic	17. 84	2. 46	−17. 41	1. 85	72. 95	113. 02	60. 53	52. 79	−25. 39
Denmark	27. 39	57. 23	−24. 16	125. 73	15. 21	30. 48	60. 26	63. 22	15. 78
Estonia	—	—	—	—	0. 12	53. 22	2. 02	—	—
Finland	8. 52	10. 42	38. 68	36. 67	23. 47	141. 04	34. 04	40. 66	65. 18
France	260. 44	405. 54	327. 88	1 499. 57	952. 15	−75. 02	87. 22	147. 79	−151. 67
Georgia	109. 62	224. 35	43. 98	20. 77	38. 46	80. 23	56. 90	41. 36	76. 54
Germany	910. 81	1 438. 92	409. 63	2 380. 58	2 715. 85	1 467. 99	1 459. 01	1 375. 60	2 711. 13
Greece	1. 90	—	−1. 37	29. 39	28. 57	60. 30	0. 57	7. 17	6. 56
Hungary	25. 67	34. 02	23. 20	57. 46	65. 59	94. 95	123. 15	−4. 15	53. 53
Iceland	—	—	—	—		0. 73	—	—	—
Ireland	117. 02	37. 11	14. 30	331. 93	241. 34	75. 16	64. 28	67. 60	225. 58
Italy	31. 26	113. 02	91. 01	633. 44	424. 54	297. 61	649. 79	244. 46	−12. 02
Latvia	—	—	0. 45	—	0. 08	10. 68	—	5. 64	4. 82
Liechtenstein	—	3. 63	0. 64	3. 70	—	—	—	27. 26	1. 63
Lithuania	5. 51	—	—	2. 25	—	−4. 47	—	0. 33	0. 20
Luxembourg	1 275. 21	4 578. 37	−11 453. 17	1 601. 88	1 353. 40	2 487. 33	685. 87	700. 95	1 499. 32
Malta	0. 12	1. 93	5. 03	154. 80	1. 67	10. 11	−1. 18	0. 89	2. 82
Moldova	—	—	—	—				—	0. 30
Montenegro	—	—	—	—	16. 65	12. 72	22. 66	67. 25	59. 09
Netherlands	238. 42	1 029. 97	13 462. 84	1 169. 72	−223. 12	1 038. 34	3 893. 17	4 938. 33	1 703. 93

Annex Table 1　Continued 4

(Millions of USD)

Country/Region	2013	2014	2015	2016	2017	2018	2019	2020	2021
North Macedonia	—	—	-0.01	—	—	1.83	-13.38	-4.00	2.72
Norway	196.29	58.60	-1 675.89	-851.23	-549.21	-41.68	-744.44	-187.19	0.79
Poland	18.34	44.17	25.10	-24.11	-4.33	117.83	111.60	142.56	29.41
Portugal	14.94	3.87	10.72	11.37	1.04	11.71	18.55	1.18	2.75
Romania	2.17	42.25	63.32	15.88	15.86	1.57	84.11	13.10	5.13
Russian Federation	1 022.25	633.56	2 960.86	1 293.07	1 548.42	725.24	-379.23	570.32	-1 072.30
Serbia	11.50	11.69	7.63	30.79	79.21	153.41	33.60	139.31	205.76
Slovakia	0.33	45.66	—	—	0.68	14.62	-0.53	0.20	0.33
Slovenia	—	—	—	21.86	0.39	13.28	26.84	-132.94	3.04
Spain	-145.75	92.35	149.67	125.41	58.79	537.68	114.91	102.95	79.17
Sweden	170.82	130.01	317.19	127.68	1 290.26	1 063.95	1 915.71	1 929.99	1 280.77
Switzerland	128.26	33.64	246.77	68.06	7 514.18	-3 212.06	678.25	1 074.55	1 820.84
Ukraine	10.14	4.72	-0.76	1.92	4.75	27.45	53.32	21.06	-0.47
United Kingdom	1 419.58	1 498.90	1 848.16	1 480.39	2 066.30	1 026.64	1 103.45	922.22	1 903.55
Latin America	**14 358.95**	**10 547.39**	**12 610.36**	**27 227.05**	**14 076.59**	**14 608.47**	**6 394.07**	**16 656.51**	**26 158.51**
Anguilla, British	—	—	1.00	5.84	—	0.90	-0.28	—	—
Antigua & Barbuda	—	—	—	0.40	—	0.36	—	—	—
Argentina	221.41	269.92	208.32	181.52	214.79	141.13	353.55	401.24	295.68
Bahamas	—	—	—	6.58	0.24	2.80	-1.32	—	-0.17
Barbados	0.92	-1.67	-0.28	14.41	16.10	2.56	-8.13	-0.06	223.71
Belize	0.35	0.35	—	—	—	—	—	—	—
Bolivia	14.40	24.53	34.32	55.38	-26.28	37.55	51.86	36.19	26.40
Brazil	310.93	730.00	-63.28	124.77	426.27	427.72	859.93	312.64	146.45
Cayman Islands	9 253.40	4 191.72	10 213.03	13 522.83	-6 605.96	5 473.12	-4 356.68	8 562.22	10 753.56
Colombia	17.93	183.10	3.70	-2.84	13.72	-81.01	19.19	0.85	-142.64
Costa Rica	1.17	-0.19	3.84	1.36	10.24	15.21	6.79	28.49	-0.60
Cuba	-24.37	-22.22	42.43	9.74	-6.50	33.23	-11.52	11.37	43.95
Dominica	0.30	—	—	—	—	—	—	—	—
Dominican	—	—	—	—	—	—	0.21	3.05	-1.95
Ecuador	470.60	137.81	118.11	77.89	-131.10	32.68	-61.20	-2.11	61.37
Grenada	—	—	—	0.10	0.11	0.57	3.03	—	1.82
Guatemala	—	0.63	—	—	—	—	-0.04	4.69	—
Guyana	35.00	4.08	-3.89	6.51	22.51	28.59	-4.44	63.64	-10.38
Honduras	—	—	—	27.71	—	49.06	4.83	-10.92	2.99

Annex Table 1   Continued 5

(Millions of USD)

Country/Region	2013	2014	2015	2016	2017	2018	2019	2020	2021
Jamaica	4. 74	111. 32	—	418. 64	82. 46	156. 21	−112. 47	−2. 78	−9. 16
Mexico	49. 73	140. 57	−6. 28	211. 84	171. 33	378. 45	163. 56	264. 56	231. 83
Nicaragua	2. 17	1. 01	0. 55	1. 01	0. 01	0. 13	2. 93	−0. 23	0. 24
Panama	187. 68	4. 81	23. 82	37. 38	57. 74	127. 24	3. 31	117. 88	239. 88
Paraguay	0. 18	—	—	—	—	0. 84	−0. 84	0. 68	—
Peru	114. 60	45. 07	−177. 76	67. 37	98. 26	84. 81	352. 00	321. 70	454. 46
St. Lucia	—	—	0. 15	0. 75	3. 29	—	−0. 58	—	—
St. Vincent and Grenadines	—	3. 32	3. 03	−2. 53	3. 37	1. 22	—	—	−0. 34
Suriname	29. 00	−16. 90	20. 09	3. 43	52. 53	−1. 73	40. 58	−1. 21	−1. 78
Trinidad and Tobago	0. 23	36. 25	9. 15	2. 10	12. 40	15. 17	23. 36	−10. 47	4. 71
Uruguay	9. 67	1. 08	36. 15	49. 27	−14. 22	35. 73	1. 89	3. 24	18. 72
Venezuela	425. 56	116. 08	288. 30	−99. 86	274. 48	328. 07	−223. 76	−446. 00	−241. 12
Virgin Islands, British	3 221. 56	4 570. 43	1 849. 00	12 288. 49	19 301. 17	7 149. 78	8 682. 57	6 975. 62	13 971. 01
Chile	11. 79	16. 29	6. 85	216. 96	99. 63	168. 06	605. 72	22. 26	89. 88
North America	**4 901. 01**	**9 207. 66**	**10 718. 48**	**20 350. 96**	**6 498. 27**	**8 723. 83**	**4 367. 13**	**6 343. 12**	**6 580. 90**
Bermuda	18. 93	707. 69	1 126. 98	498. 65	−248. 05	−316. 83	87. 56	114. 43	66. 38
Canada	1 008. 65	903. 84	1 562. 83	2 871. 50	320. 83	1 563. 50	472. 88	210. 02	930. 17
United States	3 873. 43	7 596. 13	8 028. 67	16 980. 81	6 425. 49	7 477. 17	3 806. 68	6 018. 67	5 584. 35
Oceania	**3 660. 32**	**4 336. 95**	**3 871. 09**	**5 211. 77**	**5 105. 39**	**2 222. 63**	**2 081. 08**	**1 445. 73**	**2 116. 42**
Australia	3 457. 98	4 049. 11	3 401. 31	4 186. 88	4 241. 96	1 985. 97	2 086. 67	1 198. 59	1 922. 54
Cook Islands	0. 17	−0. 27	—	—	—	—	—	—	—
Fiji	58. 32	−37. 16	12. 40	44. 61	17. 06	16. 23	17. 46	22. 80	37. 16
Kiribati	—	—	—	—	—	—	15. 42	18. 05	29. 06
Marshall Islands	−12. 10	—	−56. 82	2. 60	7. 98	12. 10	16. 84	38. 49	19. 56
Micronesia, FS	0. 46	3. 39	3. 55	0. 00	−14. 74	—	0. 63	−0. 68	0. 62
Nauru	—	—	—	—	—	—	—	0. 36	13. 00
New Zealand	190. 40	250. 02	348. 09	905. 85	596. 61	257. 46	11. 40	452. 92	224. 61
Palau	—	0. 51	1. 50	0. 50	0. 08	0. 29	0. 21	—	—
Papua New Guinea	43. 02	30. 37	41. 77	−43. 68	101. 61	−79. 04	−64. 68	−153. 70	−181. 88
Samoa	−77. 93	34. 84	95. 86	109. 24	128. 40	12. 36	−5. 30	−134. 73	32. 43
Solomon Islands	—	—	—	—	—	—	0. 10	2. 26	−3. 47
Tonga	—	0. 10	0. 98	0. 35	1. 12	0. 05	0. 21	0. 71	17. 52
Vanuatu	—	6. 04	22. 45	5. 42	25. 32	17. 21	2. 12	0. 66	5. 28

Annex Table 2   China's Outward FDI Stock by Country and Region, 2013−2021

(Millions of USD)

Country/Region	2013	2014	2015	2016	2017	2018	2019	2020	2021
Total	660 478. 40	882 642. 42	1 097 864. 59	1 357 390. 45	1 809 036. 52	1 982 265. 85	2 198 880. 69	2 580 658. 44	2 785 149. 71
Asia	447 408. 28	600 965. 61	768 901. 32	909 445. 47	1 139 323. 79	1 276 134. 37	1 460 221. 56	1 644 894. 00	1 772 015. 20
Afghanistan	487. 42	518. 49	419. 93	440. 50	403. 64	404. 44	418. 94	432. 84	435. 00
Bahrain	1. 46	3. 76	3. 87	37. 36	74. 37	71. 96	70. 74	70. 94	134. 69
Bangladesh	158. 68	160. 24	188. 43	225. 17	329. 07	870. 23	1 248. 30	1 710. 58	2 204. 48
Brunei*	72. 12	69. 55	73. 52	203. 77	220. 67	220. 45	426. 96	388. 12	96. 28
Cambodia*	2 848. 57	3 222. 28	3 675. 86	4 368. 58	5 448. 73	5 973. 68	6 463. 70	7 038. 52	6 965. 59
Cyprus*	171. 26	107. 17	109. 15	110. 05	718. 69	845. 43	1 061. 47	202. 74	131. 24
India	2 446. 98	3 407. 21	3 770. 47	3 107. 51	4 747. 33	4 662. 80	3 610. 09	3 183. 31	3 518. 89
Indonesia*	4 656. 65	6 793. 50	8 125. 14	9 545. 54	10 538. 80	12 811. 28	15 132. 55	17 938. 83	20 080. 48
Iran	2 851. 20	3 484. 15	2 949. 19	3 330. 81	3 623. 50	3 234. 29	3 055. 62	3 527. 24	3 419. 97
Iraq	317. 06	375. 84	388. 12	557. 81	414. 37	598. 54	1 377. 52	1 737. 89	1 941. 83
Israel	34. 05	86. 65	317. 18	4 229. 88	4 148. 69	4 619. 98	3 775. 02	3 869. 13	3 447. 70
Japan	1 898. 24	2 547. 03	3 038. 20	3 184. 01	3 197. 34	3 490. 52	4 098. 05	4 196. 72	4 882. 87
Jordan	23. 43	30. 98	32. 55	39. 49	64. 40	141. 98	311. 73	203. 72	183. 59
Kazakhstan*	6 956. 69	7 541. 07	5 095. 46	5 432. 27	7 561. 45	7 341. 08	7 254. 13	5 869. 37	7 487. 43
Korea, DPR	585. 51	611. 57	625. 00	679. 15	606. 53	566. 01	462. 28	479. 55	452. 04
Korea, Rep.*	1 963. 08	2 771. 57	3 698. 04	4 237. 24	5 983. 47	6 710. 11	6 673. 40	7 054. 73	6 601. 50
Kuwait	89. 39	345. 91	543. 62	578. 10	936. 23	1 091. 84	834. 51	849. 23	853. 56
Kyrgyzstan*	885. 82	984. 19	1 070. 59	1 237. 82	1 299. 38	1 393. 08	1 550. 03	1 767. 33	1 531. 42
Lao PDR*	2 770. 92	4 490. 99	4 841. 71	5 500. 14	6 654. 95	8 309. 76	8 249. 59	10 201. 42	9 939. 74
Lebanon*	3. 69	3. 78	3. 78	3. 01	2. 01	2. 22	2. 22	2. 22	0. 44
Malaysia*	1 668. 18	1 785. 63	2 231. 37	3 633. 96	4 914. 70	8 387. 24	7 923. 69	10 211. 84	10 355. 15
Maldives	1. 65	2. 37	2. 37	35. 78	67. 43	74. 77	82. 47	43. 98	72. 04
Mongolia*	3 353. 96	3 762. 46	3 760. 06	3 838. 59	3 622. 80	3 365. 07	3 430. 54	3 236. 10	1 569. 52
Myanmar	3 569. 68	3 925. 57	4 258. 73	4 620. 42	5 524. 53	4 680. 06	4 134. 45	3 809. 04	3 988. 21
Nepal, FDR	75. 31	138. 34	291. 93	247. 05	227. 62	379. 19	538. 66	434. 70	463. 35
Oman	174. 73	189. 72	200. 77	86. 63	99. 04	150. 68	116. 34	236. 98	285. 30
Pakistan*	2 343. 09	3 736. 82	4 035. 93	4 759. 11	5 715. 84	4 246. 82	4 797. 98	6 218. 94	7 485. 38
Palestine	0. 04	0. 04	0. 04	0. 23	0. 04	0. 04	—	—	—
Philippines	692. 38	759. 94	711. 05	718. 93	819. 60	830. 02	664. 09	767. 13	883. 90
Qatar	254. 02	353. 87	449. 93	1 025. 65	1 105. 49	435. 98	458. 92	618. 51	789. 46
Saudi Arabia	1 747. 06	1 987. 43	2 434. 39	2 607. 29	2 038. 27	2 594. 56	2 527. 73	2 930. 91	3 524. 19
Singapore*	14 750. 70	20 639. 95	31 984. 91	33 445. 64	44 568. 09	50 093. 83	52 636. 56	59 857. 85	67 202. 28

Annex Table 2　Continued 1

(Millions of USD)

Country/Region	2013	2014	2015	2016	2017	2018	2019	2020	2021
Sri Lanka	292. 65	363. 91	772. 51	728. 91	728. 35	468. 93	551. 47	523. 42	639. 76
Syria	6. 41	14. 55	11. 00	10. 31	10. 31	0. 87	13. 57	14. 06	13. 92
Tajikistan	599. 41	728. 96	909. 09	1 167. 03	1 616. 09	1 944. 83	1 946. 08	1 568. 01	1 627. 22
Thailand	2 472. 43	3 079. 47	3 440. 12	4 533. 48	5 358. 47	5 946. 70	7 185. 85	8 825. 55	9 917. 21
Timor−Leste*	9. 05	15. 78	100. 28	147. 94	174. 17	166. 68	80. 85	129. 18	101. 40
Turkey*	642. 31	881. 81	1 328. 84	1 061. 38	1 301. 35	1 733. 68	1 867. 86	2 151. 87	1 921. 36
Turkmenistan	253. 23	447. 60	133. 04	249. 08	342. 72	311. 93	226. 56	336. 47	294. 17
United Arab Emirates	1 514. 57	2 333. 45	4 602. 84	4 888. 30	5 372. 83	6 436. 06	7 635. 67	9 283. 24	9 844. 94
Uzbekistan*	197. 82	392. 09	882. 04	1 057. 71	946. 07	3 689. 88	3 246. 21	3 264. 64	2 807. 72
Viet Nam	2 166. 72	2 865. 65	3 373. 56	4 983. 63	4 965. 36	5 605. 43	7 073. 71	8 574. 56	10 852. 11
Yemen	549. 11	555. 07	453. 30	39. 21	612. 55	623. 00	544. 19	541. 27	529. 69
Macau(China)	3 409. 14	3 930. 74	5 739. 12	6 783. 39	9 680. 29	8 865. 78	9 851. 68	10 532. 34	11 236. 24
Taiwan Prov(China)	349. 27	598. 62	969. 05	982. 72	1 272. 47	1 351. 57	1 254. 40	1 528. 09	1 644. 33
Hong Kong(China)*	377 093. 14	509 919. 83	656 855. 24	780 744. 89	981 265. 68	1 100 391. 08	1 275 355. 18	1 438 530. 92	1 549 657. 64
Africa	**26 185. 77**	**32 350. 06**	**34 694. 40**	**39 877. 47**	**43 296. 50**	**46 103. 53**	**44 390. 22**	**43 399. 20**	**44 186. 21**
Algeria	1 497. 21	2 451. 57	2 531. 55	2 552. 48	1 833. 66	2 062. 86	1 775. 35	1 643. 52	1 716. 02
Egypt	511. 13	657. 11	663. 15	888. 91	834. 84	1 079. 26	1 085. 80	1 191. 72	1 273. 44
Ethiopia	771. 84	914. 62	1 130. 13	2 000. 65	1 975. 56	2 568. 16	2 558. 87	2 992. 80	2 810. 90
Angola	1 634. 74	1 214. 04	1 268. 29	1 633. 21	2 260. 16	2 299. 19	2 890. 73	2 690. 09	2 710. 09
Benin*	49. 91	69. 17	87. 31	102. 51	104. 37	103. 99	91. 44	75. 46	84. 71
Botswana	230. 90	262. 13	321. 08	437. 50	296. 87	258. 16	186. 28	190. 43	153. 52
Burkina Faso	4. 34	8. 78	—	0. 20	0. 20	0. 20	1. 49	1. 71	7. 05
Burundi	9. 79	13. 24	12. 37	12. 42	10. 29	12. 52	8. 20	10. 52	16. 91
Equatorial Guinea	260. 85	208. 20	231. 63	236. 59	395. 97	552. 85	404. 13	336. 01	280. 65
Togo	123. 09	135. 81	128. 82	118. 57	112. 85	102. 07	101. 16	99. 45	67. 28
Eritrea	104. 55	106. 71	119. 41	378. 45	216. 55	223. 94	223. 29	199. 86	208. 17
Cape Verde	15. 23	15. 18	15. 18	15. 23	14. 63	14. 63	2. 34	2. 82	1. 31
Gambia	1. 19	1. 24	1. 24	3. 84	5. 36	24. 79	13. 90	19. 03	19. 38
Congo*	695. 43	988. 76	1 088. 67	782. 91	1 126. 06	795. 10	609. 84	1 130. 88	967. 09
Congo, DR*	1 091. 76	2 168. 67	3 239. 35	3 514. 98	3 884. 11	4 444. 46	5 596. 60	3 688. 13	4 259. 36
Djibouti*	30. 55	40. 08	60. 46	125. 40	232. 86	178. 49	125. 26	98. 83	82. 43
Guinea	338. 58	419. 07	382. 72	417. 74	675. 45	742. 44	763. 26	472. 82	959. 33
Guinea−Bissau	27. 00	66. 82	69. 06	70. 16	76. 39	65. 21	26. 71	24. 27	24. 25
Ghana*	834. 84	1 056. 69	1 274. 49	1 958. 27	1 575. 36	1 797. 47	1 831. 29	1 584. 03	1 093. 54

Annex Table 2　Continued 2

（Millions of USD）

Country/Region	2013	2014	2015	2016	2017	2018	2019	2020	2021
Gabon	168.48	180.41	244.42	256.83	385.35	258.66	252.21	259.19	218.31
Zimbabwe	1 520.83	1 695.58	1 798.92	1 839.00	1 748.34	1 766.25	1 771.48	1 795.80	1 707.51
Cameroon	148.40	177.84	207.34	366.74	424.36	499.21	303.90	442.74	433.55
Comoros	4.54	4.54	4.53	4.53	4.53	5.45	1.83	1.18	1.04
Cote d'lvoire	35.00	64.29	126.78	179.66	303.68	441.54	564.34	666.85	793.19
Kenya	635.90	853.71	1 099.04	1 102.70	1 543.45	1 755.88	1 624.23	2 154.30	2 259.81
Lesotho*	9.13	11.07	11.15	6.63	6.53	6.53	5.93	17.58	14.51
Liberia	196.10	229.65	288.99	297.30	319.63	260.39	167.65	168.88	162.78
Libya	108.82	108.94	105.77	211.12	366.75	425.68	299.43	155.37	138.79
Rwanda	73.33	110.72	123.57	89.36	99.25	146.82	167.51	170.80	203.10
Madagascar	286.10	352.61	347.70	297.63	766.30	803.35	272.91	390.74	322.87
Malawi	253.82	257.62	258.15	259.05	291.12	292.10	161.45	173.16	176.72
Mali*	316.67	342.86	307.33	320.01	394.86	301.47	305.00	308.21	438.61
Mauritius	849.59	579.71	1 096.58	1 176.20	960.87	997.66	1 291.68	886.71	1 058.82
Mauritania	108.28	100.95	105.83	193.36	235.85	232.61	181.40	182.95	142.77
Morocco	102.96	114.44	156.29	162.70	318.21	382.29	303.29	383.47	349.20
Mozambique	508.09	653.86	724.52	782.26	872.91	1 410.17	1 146.75	1 317.49	1 263.60
Namibia*	349.45	981.84	380.44	453.57	480.47	426.15	363.59	354.89	220.51
South Africa*	4 400.40	5 954.02	4 722.97	6 500.84	7 472.77	6 531.68	6 146.57	5 417.22	5 294.17
South Sudan*	26.47	19.26	35.98	37.03	47.68	35.69	26.88	25.60	80.72
Niger	241.87	198.08	565.44	525.30	665.65	758.40	956.71	1 176.62	1 423.90
Nigeria	2 146.07	2 323.01	2 376.76	2 541.68	2 861.53	2 453.49	2 194.00	2 367.54	2 695.79
Sierra Leone*	108.36	147.74	196.30	188.82	184.22	168.06	165.32	134.17	106.44
Senegal	83.25	130.01	126.02	149.59	214.30	314.65	234.24	426.76	438.85
Seychelles	103.47	114.40	160.11	246.65	231.27	451.91	414.05	439.51	492.69
Sao Tome and Principe*	0.38	0.38	0.38	0.38	0.38	0.38	0.44	1.99	0.69
Sudan	1 507.04	1 747.12	1 809.36	1 104.34	1 201.56	1 325.07	1 203.09	1 120.30	1 115.52
Tanzania	716.46	885.18	1 138.87	1 191.99	1 280.30	1 302.75	1 335.54	1 541.00	1 577.07
Tunisia	13.86	14.56	20.84	16.30	15.08	21.53	36.62	29.09	33.47
Uganda	383.76	464.10	722.15	1 006.47	575.94	798.17	669.94	711.96	633.12
Zambia*	2 164.32	2 271.99	2 338.02	2 687.16	2 963.44	3 523.02	2 863.79	3 055.00	3 029.57
Chad*	321.26	404.61	422.72	396.64	412.25	592.59	648.52	654.81	611.32
Central African	60.38	57.08	46.22	35.61	16.12	88.13	13.98	14.99	11.74
Europe	**53 161.56**	**69 399.87**	**83 678.97**	**87 201.92**	**110 854.68**	**112 796.92**	**114 383.86**	**122 431.89**	**134 794.38**
Albania*	7.03	7.03	6.95	7.27	4.78	6.42	7.11	6.00	4.85

Annex Table 2   Continued 3

(Millions of USD)

Country/Region	2013	2014	2015	2016	2017	2018	2019	2020	2021
Azerbaijan	38. 34	55. 21	63. 70	28. 42	27. 99	9. 18	7. 80	25. 06	21. 03
Ireland	323. 25	249. 72	248. 32	573. 77	882. 63	972. 77	1 074. 01	1 517. 94	1 745. 77
Estonia	3. 50	3. 50	3. 50	3. 50	3. 62	56. 84	63. 33	5. 32	5. 32
Austria	76. 66	201. 70	327. 99	530. 51	851. 49	461. 63	492. 18	675. 23	720. 06
Belarus	115. 90	257. 52	475. 89	497. 93	548. 41	503. 78	651. 80	607. 28	646. 05
Bulgaria	149. 85	170. 27	235. 97	166. 07	250. 46	171. 09	156. 81	155. 84	151. 31
North Macedonia	2. 09	2. 11	2. 11	2. 10	2. 03	36. 30	21. 09	17. 10	17. 93
Belgium*	315. 01	493. 47	519. 53	544. 03	479. 23	326. 41	470. 95	500. 63	488. 20
Iceland	—	—	1. 10	1. 10	14. 00	14. 73	14. 73	14. 73	14. 73
Bosnia and Her-zegovina*	6. 13	6. 13	7. 75	8. 60	4. 34	4. 34	16. 70	22. 86	21. 22
Poland*	257. 04	329. 35	352. 11	321. 32	405. 52	523. 73	555. 59	682. 31	535. 76
Denmark*	84. 37	208. 15	82. 17	226. 11	228. 83	246. 53	294. 85	353. 54	253. 93
Germany	3 979. 38	5 785. 50	5 881. 76	7 841. 75	12 163. 20	13 688. 61	14 233. 99	14 549. 58	16 697. 49
Russian Federation	7 581. 61	8 694. 63	14 019. 63	12 979. 51	13 871. 60	14 208. 22	12 803. 97	12 070. 89	10 644. 11
France	4 447. 94	8 444. 88	5 723. 55	5 116. 17	5 702. 71	6 598. 79	5 954. 34	4 860. 95	4 863. 90
Finland	42. 55	58. 99	95. 07	211. 70	213. 07	327. 54	340. 38	306. 62	452. 96
Georgia	330. 75	545. 64	533. 75	550. 23	568. 17	639. 70	670. 92	701. 67	792. 29
Netherlands*	3 193. 09	4 194. 08	20 067. 13	20 587. 74	18 529. 00	19 428. 99	23 854. 82	26 041. 29	28 487. 51
Montenegro	0. 32	0. 32	0. 32	4. 43	39. 45	62. 86	85. 09	153. 08	206. 01
Czech Republic*	204. 68	242. 69	224. 31	227. 77	164. 90	279. 23	287. 49	1 198. 43	526. 82
Croatia	8. 31	11. 87	11. 82	11. 99	39. 08	69. 08	98. 40	252. 64	245. 53
Latvia	0. 54	0. 54	0. 94	0. 94	1. 02	11. 70	11. 63	16. 81	21. 12
Lithuania*	12. 48	12. 48	12. 48	15. 29	17. 13	12. 89	9. 81	12. 23	7. 29
Liechtenstein*	3. 91	12. 40	13. 04	16. 74	16. 16	4. 34	4. 34	35. 16	26. 54
Luxembourg*	10 423. 76	15 666. 77	7 739. 88	8 776. 60	13 936. 15	15 388. 70	13 902. 21	15 995. 45	18 130. 68
Romania*	145. 13	191. 37	364. 80	391. 50	310. 07	304. 62	428. 27	313. 16	220. 11
Malta*	3. 49	5. 42	10. 45	163. 64	164. 98	230. 49	229. 32	172. 53	32. 58
Moldova	3. 87	3. 87	2. 11	3. 87	3. 87	3. 87	3. 87	3. 87	4. 17
Norway*	4 771. 71	5 223. 50	3 471. 29	2 641. 97	2 083. 45	1 997. 70	1 246. 93	1 042. 58	27. 18
Portugal*	55. 32	60. 69	71. 42	87. 74	110. 23	105. 93	58. 57	45. 78	29. 21
Sweden*	2 737. 71	3 012. 92	3 381. 96	3 553. 68	7 307. 42	6 896. 81	8 578. 69	10 601. 49	17 032. 04
Switzerland*	296. 54	387. 66	604. 15	576. 21	8 111. 73	5 000. 37	5 662. 84	6 759. 61	6 949. 56
Serbia	18. 54	29. 71	49. 79	82. 68	170. 02	271. 41	164. 73	310. 57	482. 29

Annex Table 2　Continued 4

（Millions of USD）

Country/Region	2013	2014	2015	2016	2017	2018	2019	2020	2021
Slovakia*	82.77	127.79	127.79	82.77	83.45	99.29	82.74	82.87	4.41
Slovenia	5.00	5.00	5.00	26.86	27.25	40.09	189.60	46.80	50.18
Ukraine*	51.98	63.41	68.90	66.71	62.65	90.48	158.03	190.34	136.93
Spain	315.71	424.53	608.01	736.47	692.63	1 060.14	1 110.57	1 109.50	1 136.52
Greece*	119.79	120.85	119.48	48.08	182.22	242.47	231.02	126.29	132.95
Hungary	532.35	556.35	571.11	313.70	327.86	320.69	427.36	341.87	382.32
Armenia*	7.51	7.51	7.51	7.51	29.96	49.61	12.89	12.25	27.02
Italy*	607.75	719.69	931.97	1 554.84	1 903.79	2 145.35	2 570.17	2 847.81	3 413.16
United Kingdom	11 797.90	12 804.65	16 632.46	17 612.10	20 318.17	19 883.23	17 143.90	17 645.92	19 005.31
Latin America	**86 095.93**	**106 111.14**	**126 318.93**	**207 152.57**	**386 892.30**	**406 771.93**	**436 046.97**	**629 810.25**	**693 740.17**
Argentina	1 658.20	1 791.52	1 948.92	1 943.66	1 539.54	1 582.97	1 808.41	1 992.66	2 141.14
Antigua & Barbuda	6.30	6.30	6.30	6.70	6.70	5.80	5.44	3.83	3.83
Barbados*	4.97	3.30	2.89	87.72	117.30	200.73	59.11	59.15	354.60
Bahamas*	0.60	0.60	0.60	160.60	160.63	164.69	162.02	162.12	1 546.51
Paraguay*	46.24	47.91	47.91	47.91	46.06	0.84	0.00	0.68	3.69
Panama	478.64	204.93	228.15	268.85	358.78	506.11	549.99	676.52	1 001.99
Brazil*	1 733.58	2 832.89	2 257.12	2 962.51	3 205.54	3 812.45	4 434.78	3 205.06	3 007.71
Bolivia	118.92	132.17	317.46	370.68	413.49	351.50	472.27	287.96	307.51
Belize	0.35	0.70	0.70	0.70	—	—	—	—	447.92
Dominican	1.00	1.01	1.01	1.01	0.01	0.01	0.25	3.30	1.35
Dominica	8.45	3.15	3.15	3.15	3.15	3.15	3.15	3.15	3.15
Ecuador*	1 008.79	944.60	1 056.35	1 180.12	1 032.44	1 240.52	647.72	601.41	470.36
Colombia*	368.69	547.30	554.43	362.45	357.87	284.10	307.10	428.51	108.81
Costa Rica*	3.26	3.98	7.82	8.20	26.02	42.67	35.01	65.90	35.75
Grenada*	14.54	23.67	23.67	23.77	25.07	23.89	27.12	27.12	22.62
Cuba	111.34	62.55	120.62	131.50	115.00	149.11	118.00	139.86	180.18
Guyana	225.18	247.57	256.01	256.68	110.69	198.86	193.44	257.34	265.57
Honduras	—	—	—	27.71	1.16	50.22	15.62	4.69	6.66
Cayman Islands*	42 324.06	44 236.72	62 404.08	104 208.93	249 682.19	259 223.71	276 145.06	457 026.99	229 525.07
Peru	867.78	907.98	705.49	759.78	839.43	941.50	1 398.94	1 705.11	2 181.37
Mexico	409.87	541.21	524.76	578.60	898.02	1 106.88	1 161.08	1 166.95	1 302.16
Nicaragua	2.17	3.18	3.67	4.67	3.14	3.27	6.17	5.92	6.16

Annex Table 2   Continued 5

(Millions of USD)

Country/Region	2013	2014	2015	2016	2017	2018	2019	2020	2021
Salvador	—	0.01	0.01	0.01	0.01	—	—	—	—
St. Lucia	—	—	0.15	1.44	4.73	4.73	4.15	4.15	4.15
St. Vincent and Grenadines	36.20	39.00	42.04	39.52	42.88	43.74	43.21	40.29	39.94
Suriname*	111.93	93.93	113.52	125.08	164.39	99.40	132.69	92.08	37.75
Trinidad and Tobago*	3.86	1 025.31	604.63	606.66	621.77	637.09	660.46	633.53	112.51
Guatemala*	—	0.99	0.99	1.12	0.74	0.74	0.10	4.78	0.01
Venezuela*	2 363.38	2 493.23	2 800.29	2 741.71	3 207.25	3 501.23	3 431.30	2 961.04	587.72
Uruguay	25.93	210.81	182.73	225.59	198.68	271.20	229.37	185.13	217.87
Jamaica	79.68	188.37	225.68	839.19	1 114.12	1 187.40	921.65	1 130.58	1 080.89
Anguilla, British	—	—	1.00	6.84	7.19	22.93	22.65	22.65	22.65
Virgin Islands, British*	33 902.98	49 320.41	51 672.14	88 765.89	122 060.75	130 496.78	141 878.84	155 644.95	447 477.34
Chile	179.04	195.83	204.64	403.62	527.57	613.70	1 171.89	1 266.83	1 235.24
North America	**28 609.74**	**47 951.49**	**52 179.26**	**75 472.46**	**86 905.97**	**96 348.33**	**100 225.53**	**100 016.33**	**100 225.80**
Bermuda*	513.99	2 151.44	2 861.06	2 166.49	8 588.11	8 318.32	8 336.57	7 483.48	9 260.29
Canada	6 196.19	7 789.08	8 516.25	12 725.99	10 936.86	12 522.72	14 091.47	12 485.13	13 793.15
United States*	21 899.56	38 010.97	40 801.95	60 579.98	67 381.00	75 507.29	77 797.50	80 047.71	77 172.36
Oceania	**19 017.12**	**25 864.25**	**32 091.71**	**38 240.56**	**41 763.27**	**44 110.78**	**43 612.55**	**40 106.77**	**40 187.96**
Australia*	17 449.68	23 882.26	28 373.85	33 350.56	36 175.31	38 378.68	38 068.38	34 439.36	34 430.47
Papua New Guinea	422.30	460.02	1 911.83	1 869.88	2 101.21	2 039.09	1 923.36	1 785.00	1 556.66
Fiji*	208.41	119.98	97.92	148.50	156.70	174.02	195.47	182.52	143.22
Kiribati	0.82	0.82	2.93	2.93	2.93	2.93	18.35	36.39	65.94
Cook Islands	0.29	0.07	0.07	0.07	0.07	0.07	0.07	0.07	0.07
Marshall Islands	116.87	116.87	60.05	65.41	60.68	76.05	96.82	164.86	180.07
Micronesia, FS	8.23	11.62	15.17	34.66	19.54	15.49	15.06	13.48	13.23
Nauru*	—	—	—	—	—	—	0.10	0.46	35.00
Palau	9.59	10.10	11.60	12.10	12.18	12.11	18.81	18.53	18.50
Samoa	188.08	223.08	306.91	546.85	627.55	683.74	683.81	450.30	492.89
Solomon Islands	—	—	—	—	—	—	0.10	6.86	3.38
Tonga	7.11	7.21	8.19	8.44	9.56	8.92	10.01	11.93	29.41
Vanuatu*	64.01	69.81	94.47	98.69	105.76	128.47	122.47	129.17	90.42
New Zealand	541.73	962.41	1 208.72	2 102.47	2 491.80	2 591.20	2 459.73	2 867.84	3 128.71
Oth. Ocean. Nes.	—	—	—	—	—	—	—	—	—

Note: " * " The stock for 2021 are recomputed after ajustment of historical Data.

Annex Table 3 Distribution of China's Outward FDI Flows by Industry, 2013–2021

(Millions of USD)

	INDUSTRY	2013	2014	2015	2016	2017	2018	2019	2020	2021
A	Agriculture/Forestry/Animal Husbandry	1 813.13	2 035.43	2 572.08	3 287.15	2 507.69	2 562.58	2 439.20	1 078.64	930.75
B	Mining	24 807.79	16 549.39	11 252.61	1 930.20	−3 701.52	4 627.94	5 128.23	6 131.26	8 414.98
C	Manufacturing	7 197.15	9 583.60	19 986.29	29 048.72	29 507.37	19 107.68	20 241.81	25 838.21	26 866.73
D	Production and Supply of Electricity/Heat/Gas and Water	680.43	1 764.63	2 135.07	3 535.99	2 344.01	4 702.46	3 868.72	5 770.31	4 389.08
E	Construction	4 364.30	3 396.00	3 735.01	4 392.48	6 527.72	3 618.48	3 779.84	8 094.55	4 619.08
F	Wholesale and Retail Trade	14 646.82	18 290.71	19 217.85	20 894.17	26 311.02	12 237.91	19 471.08	22 997.64	28 152.01
G	Transport/Storage and Post	3 307.23	4 174.72	2 726.82	1 678.81	5 467.92	5 160.57	3 879.62	6 233.20	12 226.21
H	Lodging and Catering Services	82.16	244.74	723.19	1 625.49	−185.09	1 353.96	603.98	118.41	269.33
I	Information Transmission/Software and IT Services	1 400.88	3 169.65	6 820.37	18 660.22	4 430.24	5 631.87	5 477.94	9 187.18	5 135.91
J	Finance	15 105.32	15 917.82	24 245.53	14 918.09	18 785.44	21 717.20	19 949.29	19 663.18	26 798.79
K	Real Estate	3 952.51	6 604.57	7 786.56	15 246.74	6 795.06	3 066.00	3 418.39	5 186.03	4 097.85
L	Leasing and Business Service	27 056.17	36 830.60	36 257.88	65 781.57	54 273.21	50 778.13	41 875.08	38 725.62	49 357.32
M	Scientific Research and Technical Service	1 792.21	1 668.79	3 345.40	4 238.06	2 390.65	3 801.99	3 431.63	3 734.65	5 072.13
N	Management of Water Conservancy/Environment and Public Facilities	144.89	551.39	1 367.73	847.05	218.92	178.63	269.88	156.71	224.94
O	Residents Service Repair and Other Service	1 129.18	1 651.75	1 599.48	5 424.29	1 865.26	2 228.22	1 673.38	2 160.78	1 809.48
P	Education	35.66	13.55	62.29	284.52	133.72	573.02	648.80	130.04	28.25
Q	Health/Social Works	17.03	153.38	83.87	487.19	352.67	524.80	227.17	637.67	338.77
R	Culture/Sports and Eetertainment	310.85	519.15	1 747.51	3 868.69	264.01	1 165.86	523.52	−2 133.83	87.73
S	Public Management/Social Security and Social Organizations	—	—	1.60	—	—	—	—	—	—
	Total	107 843.71	123 119.86	145 667.15	196 149.43	158 288.30	143 037.31	136 907.56	153 710.26	178 819.32

Annex Table 4 Distribution of China's Outward FDI Stock by Industry, 2013−2021

(Millions of USD)

	INDUSTRY	2013	2014	2015	2016	2017	2018	2019	2020	2021
A	Agriculture/Forestry/ Animal Husbandry and Fishery	7 179. 12	9 691. 79	11 475. 80	14 885. 02	16 561. 94	18 773. 18	19 668. 92	19 434. 95	18 815. 76
B	Mining	106 170. 92	123 725. 24	142 381. 31	152 369. 59	157 670. 26	173 480. 81	175 398. 39	175 878. 84	181 507. 65
C	Manufacturing*	41 976. 84	52 351. 94	78 528. 26	108 112. 71	140 300. 75	182 305. 88	200 135. 70	277 868. 53	263 263. 33
D	Production and Supply of Electricity/Heat/Gas and Water	11 196. 60	15 040. 89	15 663. 10	22 821. 41	24 990. 90	33 694. 71	33 061. 17	42 379. 47	50 492. 40
E	Construction	19 445. 74	22 583. 25	27 124. 12	32 419. 75	37 703. 99	41 632. 29	42 230. 27	50 796. 99	55 073. 13
F	Wholesale and Retail Trade*	87 647. 68	102 956. 80	121 940. 86	169 168. 20	226 427. 13	232 692. 68	295 538. 71	345 315. 58	369 581. 61
G	Transport/Storage and Postal servce	32 227. 78	34 681. 63	39 905. 52	41 422. 02	54 767. 95	66 500. 33	76 533. 56	80 775. 58	91 722. 68
H	Lodging and Catering Services	947. 43	1 307. 04	2 233. 34	4 194. 07	3 513. 05	4 404. 34	4 920. 25	4 926. 46	4 910. 36
I	Information Transmission/ Software and IT Services*	7 384. 40	12 325. 99	20 927. 52	64 801. 51	218 897. 37	193 574. 56	202 206. 05	297 913. 82	160 227. 46
J	Finance	117 079. 83	137 624. 85	159 660. 10	177 342. 45	202 793. 04	217 895. 44	254 534. 42	270 061. 73	300 350. 25
K	Real Estate*	15 421. 26	24 649. 03	33 493. 05	46 104. 71	53 755. 05	57 340. 96	77 611. 39	81 407. 91	92 916. 31
L	Leasing and Business Service*	195 733. 54	322 443. 92	409 567. 71	473 994. 32	615 773. 49	675 464. 58	734 081. 68	831 642. 14	115 237. 84
M	Scientific Research and Technical Service*	8 669. 73	10 873. 24	14 430. 83	19 720. 19	21 683. 99	44 245. 64	46 009. 91	60 579. 66	45 075. 18
N	Management of Water Con-servancy/Environment and Public Facilities*	342. 42	1 333. 65	2 541. 91	3 574. 69	2 389. 96	3 131. 08	3 300. 60	3 571. 06	2 854. 19
O	Residents Service/Repair and Other Service*	7 688. 55	9 042. 71	14 276. 60	16 901. 88	19 017. 33	16 715. 29	13 603. 44	13 541. 33	14 607. 81
P	Education*	201. 05	184. 64	286. 62	723. 72	3 286. 16	4 761. 11	4 292. 61	7 902. 80	2 731. 11
Q	Health/Social Works*	64. 84	230. 60	175. 36	921. 37	1 388. 80	2 996. 97	3 126. 91	3 965. 16	3 767. 09
R	Culture/Sports and Entertainment*	1 100. 67	1 595. 22	3 250. 98	7 912. 84	8 115. 36	12 655. 99	12 626. 71	12 696. 42	12 015. 56
S	Public Management/Social Security and Social Organizations	—	—	1. 60	—	—	—	—	—	—
	Total	660 478. 40	882 642. 42	1 097 864. 59	1 357 390. 45	1 809 036. 52	1 982 265. 85	2 198 880. 69	2 580 658. 44	2 785 149. 71

Note: " * " The Stock for 2021 are recomputed after adjustment of historical Data.

Annex Table 5　China's Outward FDI Flows by Province, 2013−2021(Non-Financial Part)

(Millions of USD)

Province/Region	2013	2014	2015	2016	2017	2018	2019	2020	2021
Central Co, total	56 324. 49	52 476. 17	27 817. 52	30 719. 36	53 271. 85	23 056. 91	27 213. 80	49 195. 23	64 291. 02
Provincial total	36 414. 89	54 725. 87	93 604. 10	150 511. 98	86 231. 01	98 263. 20	89 744. 46	84 851. 85	87 729. 52
Beijing	4 130. 10	7 273. 53	12 280. 33	15 573. 62	6 651. 26	6 470. 42	8 266. 01	5 985. 18	7 047. 90
Tianjin	1 120. 20	4 146. 37	2 526. 54	17 941. 46	2 305. 02	3 373. 48	4 403. 13	1 544. 78	2 319. 06
Hebei	927. 57	1 218. 65	940. 30	3 012. 85	1 652. 76	1 605. 55	1 941. 96	1 251. 40	2 751. 59
Shanxi	564. 83	304. 91	186. 11	569. 57	370. 72	522. 42	63. 33	70. 27	289. 38
Inner Mongolia	408. 80	1 109. 69	404. 47	1 752. 10	548. 79	883. 14	464. 69	238. 74	179. 82
Liaoning	1 294. 99	1 479. 02	2 122. 04	1 862. 91	1 171. 82	1 722. 40	601. 53	464. 74	1 205. 85
Dalian	1 044. 50	574. 81	1 349. 20	1 054. 69	441. 46	1 304. 12	75. 96	−66. 13	243. 15
Jilin	752. 40	333. 10	658. 23	205. 25	226. 98	38. 50	79. 93	89. 57	96. 35
Heilongjiang	773. 38	655. 31	423. 88	1 182. 59	513. 82	477. 51	581. 45	60. 50	80. 54
Shanghai	2 675. 24	4 992. 25	23 182. 88	23 967. 72	12 990. 29	15 329. 35	10 492. 32	12 551. 40	13 221. 20
Jiangsu	3 020. 01	4 069. 83	7 250. 00	12 201. 96	4 357. 84	6 097. 13	5 115. 20	6 139. 16	9 063. 86
Zhejiang	2 552. 76	3 861. 70	7 108. 16	12 313. 98	10 660. 04	12 281. 22	8 951. 57	10 743. 89	13 374. 83
Ningbo	844. 68	1 036. 63	2 514. 56	5 696. 27	1 467. 71	3 489. 09	1 570. 56	2 745. 14	2 606. 93
Anhui	910. 55	380. 29	2 067. 47	1 031. 81	1 862. 39	2 370. 73	1 144. 17	1 464. 74	2 838. 89
Fujian	952. 49	1 050. 64	2 757. 43	4 119. 19	2 825. 22	4 538. 29	2 896. 12	3 339. 24	4 037. 03
Xiamen	264. 63	265. 23	995. 23	1 867. 68	1 091. 78	2 016. 62	538. 97	884. 70	1 408. 09
Jiangxi	380. 91	738. 53	1 004. 57	969. 62	597. 62	799. 15	2 066. 41	1 436. 77	1 242. 73
Shandong	4 264. 72	3 915. 90	7 109. 83	13 023. 79	7 875. 18	6 690. 61	10 239. 64	6 102. 41	5 018. 65
Qingdao	1 022. 67	1 217. 49	1 277. 74	5 249. 43	1 287. 67	2 593. 83	1 627. 25	−1 537. 99	1 638. 05
Henan	589. 71	546. 92	1 312. 84	4 125. 43	1 823. 37	3 857. 61	2 748. 60	1 150. 13	1 424. 99
Hubei	520. 11	671. 61	635. 96	1 318. 96	1 320. 30	1 080. 79	1 551. 05	621. 94	1 947. 23
Hunan	569. 70	784. 49	1 123. 70	2 096. 01	1 637. 89	1 506. 64	1 539. 22	2 187. 85	2 281. 59
Guangdong	5 942. 88	10 896. 71	12 262. 50	22 962. 30	11 771. 99	16 060. 89	16 699. 04	23 531. 87	14 174. 29
Shenzhen	3 008. 14	5 989. 33	6 459. 20	11 683. 93	6 567. 78	10 546. 53	9 359. 30	12 762. 61	8 716. 26
Guangxi	81. 34	228. 64	450. 91	1 430. 87	636. 66	1 272. 81	279. 58	391. 04	164. 44
Hainan	817. 31	887. 08	1 201. 19	479. 66	3 149. 64	3 375. 33	2 556. 80	199. 10	798. 81
Chongqing	346. 55	766. 76	1 496. 38	1 814. 96	5 028. 27	1 330. 28	1 513. 69	1 250. 19	409. 79
Sichuan	584. 47	1 382. 23	1 187. 30	1 412. 01	1 765. 69	2 177. 37	1 569. 98	1 875. 04	1 522. 03
Guizhou	208. 15	87. 64	65. 39	74. 67	36. 58	81. 58	14. 34	15. 48	320. 95
Yunnan	830. 36	1 261. 95	946. 48	1 562. 11	1 473. 82	1 201. 27	894. 62	730. 30	1 009. 34
Xizang	0. 22	3. 85	296. 81	23. 14	227. 77	465. 69	217. 69	36. 28	380. 79
Shaanxi	307. 89	414. 11	624. 08	796. 87	1 260. 55	657. 14	554. 75	709. 35	245. 10
Gansu	431. 82	273. 21	122. 93	770. 49	484. 03	590. 84	247. 98	86. 59	94. 23
Qinghai	35. 96	16. 01	78. 26	81. 64	11. 33	22. 86	50. 31	82. 42	−168. 91
Ningxia	86. 26	338. 83	1 089. 59	577. 50	97. 23	448. 70	546. 88	98. 88	97. 04
Xinjiang	315. 79	548. 32	610. 77	1 171. 50	784. 81	820. 97	1 371. 44	390. 38	229. 59
Xinjiang P&C Group	17. 42	87. 80	76. 79	85. 44	111. 31	112. 55	81. 02	12. 22	30. 52
Total	92 739. 38	107 202. 04	121 421. 62	181 231. 34	139 502. 86	121 320. 11	116 958. 27	134 047. 08	152 020. 54

Annex Table 6 China's Outward FDI Stock by Province, 2013−2021(Non-Financial Part)

(Millions of USD)

Province/Region	2013	2014	2015	2016	2017	2018	2019	2020	2021
Central Co, total	378 500. 16	509 580. 51	593 726. 81	655 996. 97	878 782. 06	1 015 615. 68	1 158 798. 00	1 430 864. 16	1 634 351. 35
Provincial total	164 900. 05	235 437. 06	344 477. 68	524 051. 03	727 461. 42	748 754. 73	785 548. 27	879 732. 56	850 448. 12
Beijing	12 764. 56	28 488. 70	38 798. 95	54 381. 41	64 843. 94	69 950. 93	73 688. 91	85 275. 66	95 883. 00
Tianjin	3 593. 31	9 233. 79	10 941. 93	26 225. 43	23 538. 86	24 649. 54	27 928. 47	26 929. 69	24 057. 16
Hebei	3 490. 45	4 530. 94	5 724. 81	8 627. 39	11 104. 54	11 286. 21	11 814. 04	13 604. 50	16 274. 53
Shanxi	1 538. 65	1 705. 79	2 110. 51	3 161. 80	2 562. 19	3 077. 72	2 895. 92	2 244. 43	2 426. 73
Inner Mongolia	1 678. 80	2 391. 48	3 131. 55	4 963. 32	5 405. 81	6 395. 44	6 484. 68	6 419. 44	7 081. 87
Liaoning	7 731. 17	9 256. 19	11 319. 45	13 218. 96	13 250. 72	12 959. 36	13 994. 23	14 188. 65	13 391. 76
Dalian	5 298. 18	5 897. 30	7 094. 25	8 134. 47	6 995. 31	7 582. 18	6 839. 58	6 892. 82	5 734. 22
Jilin	2 139. 24	2 431. 38	3 134. 12	3 387. 12	3 987. 03	3 892. 98	3 231. 62	3 200. 43	2 441. 65
Heilongjiang	3 350. 10	4 021. 67	4 213. 97	5 740. 78	4 070. 97	4 595. 69	4 348. 02	4 275. 80	3 956. 06
Shanghai	17 843. 61	25 484. 79	58 361. 65	84 054. 45	112 004. 33	118 069. 19	130 332. 32	136 435. 08	151 504. 21
Jiangsu	11 163. 11	15 609. 97	22 614. 24	34 946. 74	40 317. 48	46 145. 23	54 496. 45	60 141. 87	68 535. 02
Zhejiang	10 988. 48	15 373. 59	22 364. 78	32 682. 20	98 394. 63	57 363. 59	65 900. 62	74 755. 29	82 305. 27
Ningbo	3 230. 64	4 517. 85	6 742. 25	11 779. 75	12 164. 13	15 323. 61	17 384. 86	18 659. 05	19 157. 82
Anhui	3 795. 59	4 269. 45	6 266. 96	5 818. 50	9 049. 94	11 236. 12	12 715. 46	14 745. 68	17 637. 59
Fujian	3 967. 78	4 872. 90	8 202. 53	11 133. 62	12 665. 92	17 566. 99	19 009. 23	23 570. 08	25 535. 76
Xiamen	1 096. 23	1 331. 49	2 432. 70	4 244. 77	4 585. 36	6 636. 95	6 013. 57	8 489. 43	8 718. 78
Jiangxi	1 191. 80	2 013. 52	2 595. 24	3 569. 64	4 089. 74	4 201. 13	6 121. 51	7 669. 84	8 455. 34
Shandong	16 047. 38	19 700. 97	27 305. 44	41 193. 16	47 787. 66	54 913. 31	62 403. 86	67 789. 08	57 884. 84
Qingdao	3 228. 06	4 475. 30	5 852. 77	11 698. 64	13 093. 21	18 596. 33	19 550. 02	17 883. 73	18 478. 34
Henan	1 953. 52	2 494. 44	3 994. 96	8 692. 89	9 775. 67	13 438. 91	15 448. 97	15 781. 75	16 564. 69
Hubei	1 733. 18	2 283. 05	2 860. 68	4 182. 63	5 625. 11	6 454. 58	7 012. 07	6 883. 05	7 393. 00
Hunan	4 547. 24	5 515. 00	8 104. 42	10 174. 35	10 446. 07	10 878. 46	11 931. 63	13 913. 07	11 387. 58
Guangdong	34 233. 75	49 479. 39	68 654. 95	125 042. 78	189 713. 65	200 549. 29	178 380. 93	227 817. 81	165 724. 60
Shenzhen	18 567. 99	29 669. 48	38 686. 94	85 256. 20	140 470. 95	145 083. 43	119 256. 11	157 606. 98	96 573. 38
Guangxi	1 061. 68	1 477. 92	1 845. 97	3 432. 95	3 765. 45	4 946. 50	5 260. 15	5 510. 37	5 182. 24
Hainan	3 434. 23	3 756. 42	4 893. 95	5 008. 65	11 155. 41	15 180. 30	16 985. 12	12 445. 61	11 978. 71
Chongqing	1 939. 59	2 656. 60	3 908. 25	6 365. 60	10 466. 38	12 028. 20	10 424. 54	11 026. 53	8 938. 61
Sichuan	2 655. 93	3 524. 09	4 659. 01	5 847. 27	7 609. 56	9 093. 29	11 665. 71	11 777. 85	12 729. 74
Guizhou	327. 08	341. 78	428. 94	480. 17	498. 92	611. 55	932. 02	848. 29	1 007. 55
Yunnan	3 865. 67	5 142. 04	6 026. 19	6 815. 10	7 557. 96	8 356. 22	7 530. 88	7 935. 49	8 311. 73
Xizang	12. 27	16. 10	314. 41	79. 75	599. 88	1 109. 77	1 147. 97	1 191. 92	1 572. 22
Shaanxi	2 002. 87	2 465. 11	2 855. 25	3 611. 66	4 220. 09	4 914. 34	5 525. 40	5 426. 44	5 021. 05
Gansu	3 159. 85	3 204. 03	3 211. 56	4 077. 39	4 718. 26	5 823. 49	6 108. 49	6 691. 88	6 455. 45
Qinghai	90. 62	101. 32	222. 92	270. 27	598. 29	607. 50	647. 13	720. 84	531. 10
Ningxia	196. 24	497. 33	1 600. 26	2 474. 20	2 106. 46	2 586. 66	4 391. 54	3 874. 18	3 629. 24
Xinjiang	1 749. 51	2 340. 30	2 965. 92	4 005. 33	5 055. 64	5 314. 75	6 384. 86	6 349. 01	6 424. 49
Xinjiang P&C Group	652. 79	757. 01	843. 91	385. 52	474. 86	557. 49	405. 51	292. 97	225. 35
Total	543 400. 21	745 017. 57	938 204. 49	1 180 048. 00	1 606 243. 48	1 764 370. 41	1 944 346. 26	2 310 596. 71	2 484 799. 46

Annex Table 7　China's Outward FDI Flows into EU Countries，2013−2021

(Millions of USD)

Country	2013	2014	2015	2016	2017	2018	2019	2020	2021
Austria	0.15	43.71	104.32	191.72	412.19	138.14	32.39	74.81	195.39
Belgium	25.78	153.28	23.46	28.35	30.34	5.63	59.85	76.03	111.60
Bulgaria	20.69	20.42	59.16	−15.03	88.87	−1.68	2.46	0.57	0.25
Croatia	—	3.55	—	0.22	31.84	22.39	28.69	154.46	15.15
Cyprus	76.34	—	1.76	5.25	603.41	113.90	82.42	94.66	32.28
Czech Republic	17.84	2.46	−17.41	1.85	72.95	113.02	60.53	52.79	−25.39
Denmark	27.39	57.23	−24.16	125.73	15.21	30.48	60.26	63.22	15.78
Estonia	—	—	—	—	0.12	53.22	2.02	—	—
Finland	8.52	10.42	38.68	36.67	23.47	141.04	34.04	40.66	65.18
France	260.44	405.54	327.88	1 499.57	952.15	−75.02	87.22	147.79	−151.67
Germany	910.81	1 438.92	409.63	2 380.58	2 715.85	1 467.99	1 459.01	1 375.60	2 711.13
Greece	1.90	—	−1.37	29.39	28.57	60.30	0.57	7.17	6.56
Hungary	25.67	34.02	23.20	57.46	65.59	94.95	123.15	−4.15	53.53
Ireland	117.02	37.11	14.30	331.93	241.34	75.16	64.28	67.60	225.58
Italy	31.26	113.02	91.01	633.44	424.54	297.61	649.79	244.46	−12.02
Latvia	—	—	0.45	—	0.08	10.68	—	5.64	4.82
Lithuania	5.51	—	—	2.25	—	−4.47	—	0.33	0.20
Luxembourg	1 275.21	4 578.37	−11 453.17	1 601.88	1 353.40	2 487.33	685.87	700.95	1 499.32
Malta	0.12	1.93	5.03	154.80	1.67	10.11	−1.18	0.89	2.82
Netherlands	238.42	1 029.97	13 462.84	1 169.72	−223.12	1 038.34	3 893.17	4 938.33	1 703.93
Poland	18.34	44.17	25.10	−24.11	−4.33	117.83	111.60	142.56	29.41
Portugal	14.94	3.87	10.72	11.37	1.04	11.71	18.55	1.18	2.75
Romania	2.17	42.25	63.32	15.88	15.86	1.57	84.11	13.10	5.13
Slovakia	0.33	45.66	—	—	0.68	14.62	−0.53	0.20	0.33
Slovenia	—	—	—	21.86	0.39	13.28	26.84	−132.94	3.04
Spain	−145.75	92.35	149.67	125.41	58.79	537.68	114.91	102.95	79.17
Sweden	170.82	130.01	317.19	127.68	1 290.26	1 063.95	1 915.71	1 929.99	1 280.77
United Kingdom	1 419.58	1 498.90	1 848.16	1 480.39	2 066.30	1 026.64	1 103.45	—	—
Total	**4 523.50**	**9 787.16**	**5 479.78**	**9 994.26**	**10 267.48**	**8 866.38**	**10 699.17**	**10 098.83**	**7 855.06**

Note：The Sum of the Europe Union do not include the UK since 2020.

Annex Table 8   China's Outward FDI Stock in EU Countries, 2013−2021

(Millions of USD)

Country	2013	2014	2015	2016	2017	2018	2019	2020	2021
Austria	76.66	201.70	327.99	530.51	851.49	461.63	492.18	675.23	720.06
Belgium	315.01	493.47	519.53	544.03	479.23	326.41	470.95	500.63	488.20
Bulgaria	149.85	170.27	235.97	166.07	250.46	171.09	156.81	155.84	151.31
Croatia	8.31	11.87	11.82	11.99	39.08	69.08	98.40	252.64	245.53
Cyprus	171.26	107.17	109.15	110.05	718.69	845.43	1 061.47	202.74	131.24
Czech Republic	204.68	242.69	224.31	227.77	164.90	279.23	287.49	1 198.43	526.82
Denmark	84.37	208.15	82.17	226.11	228.83	246.53	294.85	353.54	253.93
Estonia	3.50	3.50	3.50	3.50	3.62	56.84	63.33	5.32	5.32
Finland	42.55	58.99	95.07	211.70	213.07	327.54	340.38	306.62	452.96
France	4 447.94	8 444.88	5 723.55	5 116.17	5 702.71	6 598.79	5 954.34	4 860.95	4 863.90
Germany	3 979.38	5 785.50	5 881.76	7 841.75	12 163.20	13 688.61	14 233.99	14 549.58	16 697.49
Greece	119.79	120.85	119.48	48.08	182.22	242.47	231.02	126.29	132.95
Hungary	532.35	556.35	571.11	313.70	327.86	320.69	427.36	341.87	382.32
Ireland	323.25	249.72	248.32	573.77	882.63	972.77	1 074.01	1 517.94	1 745.77
Italy	607.75	719.69	931.97	1 554.84	1 903.79	2 145.35	2 570.17	2 847.81	3 413.16
Latvia	0.54	0.54	0.94	0.94	1.02	11.70	11.63	16.81	21.12
Lithuania	12.48	12.48	12.48	15.29	17.13	12.89	9.81	12.23	7.29
Luxembourg	10 423.76	15 666.77	7 739.88	8 776.60	13 936.15	15 388.70	13 902.21	15 995.45	18 130.68
Malta	3.49	5.42	10.45	163.64	164.98	230.49	229.32	172.53	32.58
Netherlands	3 193.09	4 194.08	20 067.13	20 587.74	18 529.00	19 428.99	23 854.82	26 041.29	28 487.51
Poland	257.04	329.35	352.11	321.32	405.52	523.73	555.59	682.31	535.76
Portugal	55.32	60.69	71.42	87.74	110.23	105.93	58.57	45.78	29.21
Romania	145.13	191.37	364.80	391.50	310.07	304.62	428.27	313.16	220.11
Slovakia	82.77	127.79	127.79	82.77	83.45	99.29	82.74	82.87	4.41
Slovenia	5.00	5.00	5.00	26.86	27.25	40.09	189.60	46.80	50.18
Spain	315.71	424.53	608.01	736.47	692.63	1 060.14	1 110.57	1 109.50	1 136.52
Sweden	2 737.71	3 012.92	3 381.96	3 553.68	7 307.42	6 896.81	8 578.69	10 601.49	17 032.04
United Kingdom	11 797.92	12 804.65	16 632.46	17 612.10	20 318.17	19 883.23	17 143.90	—	—
Total	**40 096.61**	**54 210.40**	**64 460.13**	**69 836.69**	**86 014.78**	**90 739.06**	**93 912.49**	**83 015.64**	**95 898.39**

Note: The Sum of the Europe Union do not include the UK since 2020.

Annex Table 9   China's Outward FDI Flows into ASEAN Countries，2013—2021

(Millions of USD)

Country	2013	2014	2015	2016	2017	2018	2019	2020	2021
Brunei	8.52	−3.28	3.92	142.10	71.36	−15.09	−4.05	16.58	3.75
Cambodia	499.33	438.27	419.68	625.67	744.24	778.34	746.25	956.42	466.75
Indonesia	1 563.38	1 271.98	1 450.57	1 460.88	1 682.25	1 864.82	2 223.08	2 198.35	4 372.51
Lao PDR	781.48	1 026.90	517.21	327.58	1 219.95	1 241.79	1 149.08	1 454.30	1 282.32
Malaysia	616.38	521.34	488.91	1 829.96	1 722.14	1 662.70	1 109.54	1 374.41	1 336.25
Myanmar	475.33	343.13	331.72	287.69	428.18	−197.24	−41.94	250.80	18.46
Philippines	54.40	224.95	−27.59	32.21	108.84	58.82	−4.29	130.43	152.86
Singapore	2 032.67	2 813.63	10 452.48	3 171.86	6 319.90	6 411.26	4 825.67	5 923.35	8 405.04
Thailand	755.19	839.46	407.24	1 121.69	1 057.59	737.29	1 371.91	1 882.88	1 486.01
Viet Nam	480.50	332.89	560.17	1 279.04	764.40	1 150.83	1 648.52	1 875.75	2 207.62
Total	**7 267.18**	**7 809.27**	**14 604.31**	**10 278.68**	**14 118.85**	**13 693.53**	**13 023.77**	**16 063.27**	**19 731.58**

Annex Table 10   China's Outward FDI Stock in ASEAN Countries，2013—2021

(Millions of USD)

Country	2013	2014	2015	2016	2017	2018	2019	2020	2021
Brunei*	72.12	69.55	73.52	203.77	220.67	220.45	6.51	388.12	96.28
Cambodia*	2 848.57	3 222.28	3 675.86	4 368.58	5 448.73	5 973.68	390.66	7 038.52	6 965.59
Indonesia*	4 656.65	6 793.50	8 125.14	9 545.54	10 538.80	12 811.28	543.33	17 938.83	20 080.48
Lao PDR*	2 770.92	4 490.99	4 841.71	5 500.14	6 654.95	8 309.76	305.19	10 201.42	9 939.74
Malaysia*	1 668.18	1 785.63	2 231.37	3 633.96	4 914.70	8 387.24	361.20	10 211.84	10 355.15
Myanmar	3 569.68	3 925.57	4 258.73	4 620.42	5 524.53	4 680.06	499.71	3 809.04	3 988.21
Philippines	692.38	759.94	711.05	718.93	819.60	830.02	86.73	767.13	883.90
Singapore*	14 750.70	20 639.95	31 984.91	33 445.64	44 568.09	50 093.83	3 334.77	59 857.85	67 202.28
Thailand	2 472.43	3 079.47	3 440.12	4 533.48	5 358.47	5 946.70	437.16	8 825.55	9 917.21
Viet Nam	2 166.72	2 865.65	3 373.56	4 983.63	4 965.36	5 605.43	521.73	8 574.56	10 852.11
Total	**35 668.35**	**47 632.53**	**62 715.97**	**71 554.09**	**89 013.90**	**102 858.45**	**109 891.15**	**127 612.85**	**140 280.94**

Note:" * "The stock for 2021 are recomputed after ajustment of historical Data.

Annex Table 11 China's Outward FDI in Countries along "the Belt and Road" 2021

(Millions of USD)

Country	2021 Flows	2021 Stock
Total	**24 149. 90**	**213 836. 86**
Albania	—	4. 85
Afghanistan	−2. 55	435. 00
United Arab Emirates	894. 14	9 844. 94
Oman	40. 86	285. 30
Azerbaijan	−0. 64	21. 03
Egypt	195. 71	1 273. 44
Estonia	—	5. 32
Pakistan	727. 39	7 485. 38
Palestine	—	—
Bahrain	61. 11	134. 69
Belarus	42. 41	646. 05
Bulgaria	0. 25	151. 31
North Macedonia	2. 72	17. 93
Bosnia and Herzegovina	4. 82	21. 22
Poland	29. 41	535. 76
Timor−Leste	5. 77	101. 40
Russian Federation	−1 072. 30	10 644. 11
Philippines	152. 86	883. 90
Georgia	76. 54	792. 29
Kazakhstan	822. 24	7 487. 43
Montenegro	59. 09	206. 01
Kyrgyzstan	76. 43	1 531. 42
Cambodia*	466. 75	6 965. 59
Czech Republic	−25. 39	526. 82
Qatar	116. 82	789. 46
Kuwait	37. 88	853. 56
Croatia	15. 15	245. 53
Latvia	4. 82	21. 12
Lao PDR	1 282. 32	9 939. 74
Lebanon	—	0. 44
Lithuania	0. 20	7. 29

Annex Table 11　Continued 1

（Millions of USD）

Country	2021 Flows	2021 Stock
Romania	5. 13	220. 11
Maldives	23. 09	72. 04
Malaysia	1 336. 25	10 355. 15
Mongolia	24. 68	1 569. 52
Bangladesh	240. 71	2 204. 48
Myanmar	18. 46	3 988. 21
Moldova	0. 30	4. 17
Nepal FDR	49. 96	463. 35
Serbia	205. 76	482. 29
Saudi Arabia	514. 29	3 524. 19
Sri Lanka	166. 11	639. 76
Slovakia	0. 33	4. 41
Slovenia	3. 04	50. 18
Tajikistan	237. 43	1 627. 22
Thailand *	1 486. 01	9 917. 21
Turkey	225. 44	1 921. 36
Turkmenistan	−17. 60	294. 17
Brunei	3. 75	96. 28
Ukraine	−0. 47	136. 93
Uzbekistan	369. 03	2 807. 72
Singapore	8 405. 04	67 202. 28
Hungary	53. 53	382. 32
	−0. 12	13. 92
ia	6. 98	27. 02
	−11. 58	529. 69
	178. 18	1 941. 83
	242. 12	3 419. 97
	−470. 14	3 447. 70
	279. 46	3 518. 89
	4 372. 51	20 080. 48
	−20. 22	183. 59
	2 207. 62	10 852. 11

后　记

　　《2021 年度中国对外直接投资统计公报》是中华人民共和国商务部、国家统计局、国家外汇管理局依据《对外直接投资统计制度》，通过对中国境内投资者（包括机构和个人）年度对外投资活动统计调查，汇总生成反映中国对外直接投资全貌的年度最终统计结果。公报中涉及对外直接投资统计标准、原则遵循经济合作与发展组织（OECD）《关于外国直接投资基准定义》（第四版）有关规定，与全球大多数国家（地区）具有可比性。

　　本公报由王胜文、王春英主编，李永军、刘晓东、韩健担任副主编，陈明霞、胡红、刘旭玲、郭智广、杨法皓、胡超元主笔，马萱峰、李林懋、国启明、金锐、李育、辛灵、张哲、张爽、丛思雨等参与基础数据核查和文字校对等工作，英文翻译由南开大学葛顺奇、赵灏鑫等协助完成，在此一并致谢。